传记

ang Luqian's Biography

上图 ／1945年，张履谦高中照

下图 ／1948年，清华明斋117宿舍的同学们合影（前排左一为张履谦）

上图 ／20世纪60年代，张履谦刻苦攻读《雷达丛书》
下图 ／1956年，张履谦（前排左一）和电信技术研究所十八室的同志们合影

上图 / 20世纪80年代，张履谦（左一）与科研人员在卫星有效载荷研制实验室
下图 / 20世纪80年代，张履谦主持型号方案评审会

2003年，张履谦和当年参加我国载人航天技术方案论证与评审的部分专家在酒泉卫星发射中心合影（左起：崔国良、梁思礼、张履谦、孙家栋、王希季、丁衡高、任新民、谢光选、庄逢甘、屠善澄、王德臣、王大珩、闵桂荣）

上图 ／1994年，张履谦赴美国参加国际军事电子学会议

下图 ／2009年，张履谦（前排左四）参加国际雷达学会，与国际雷达专家在一起

2007年，中央军委领导接见全军信息化咨询专家（二排左三为张履谦）

上图 / 2007年，张履谦和夫人力伯畏参观海南文昌宋庆龄故居
中图 / 张履谦在工作
下图 / 张履谦在南海之滨留影

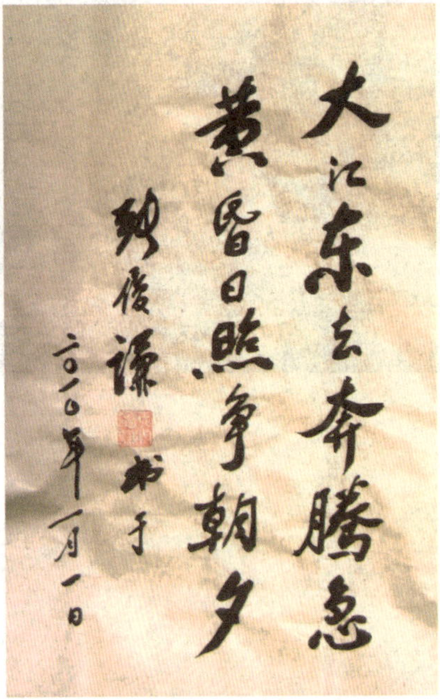

上图 ／2008年1月22日，张履谦书写“学而思，思而行，行必果”书法作品，诠释自己对学习和工作的态度
下图 ／2010年元旦，张履谦书写“大江东去奔腾急，黄昏日照争朝夕”书法作品自勉

张履谦院士传记

Academician ZhangLuqian's Biography

《中国航天院士传记丛书》总编委会 组织编写

钟韧 童晶静 编著

中国宇航出版社
·北京·

图书在版编目(CIP)数据

张履谦院士传记 / 钟韧，童晶静编著 ；《中国航天院士传记丛书》总编委会组织编写. --北京 ：中国宇航出版社，2014.3

(中国航天院士传记丛书)

ISBN 978-7-5159-0586-0

Ⅰ. ①张… Ⅱ. ①钟… ②童… ③中… Ⅲ. ①张履谦—传记 Ⅳ. ①K826.16

中国版本图书馆 CIP 数据核字(2013)第 296226 号

责任编辑　黄　莘

责任校对　王　妍　　　**装帧设计**　文道思

出　版
发　行　中国宇航出版社

社　址　北京市阜成路 8 号　**邮　编**　100830
(010)68768548

网　址　www.caphbook.com

经　销　新华书店

发行部　(010)68371900　(010)88530478(传真)
(010)68768541　(010)68767294(传真)

零售店　读者服务部　北京宇航文苑
(010)68371105　(010)62529336

承　印　三河市君旺印务有限公司

版　次　2014 年 3 月第 1 版
2014 年 3 月第 1 次印刷

规　格　787×960

开　本　1/16

印　张　18　**彩　插**　8 面

字　数　260 千字

书　号　ISBN 978-7-5159-0586-0

定　价　58.00 元

本书如有印装质量问题，可与发行部联系调换

《中国航天院士传记丛书》总编委会名单

编审委员会

主　　任　许达哲　高红卫

副 主 任　雷凡培　曹建国

委　　员　李金生　方向明　袁　洁　李　跃　包为民

编撰委员会

总 主 编　许达哲　高红卫

副总主编　李　跃　包为民

委　　员（按姓氏笔画排列）

马礼谦　王亚文　邓宁丰　朱芝松　朱忠元
孙玉斌　李　明　李　锋　陈学钏　张连成
周晓飞　侯　晓　贾　可　郭　勇　梁小虹
董　群　谭永华

总编委会办公室

主　　任　周晓飞　朱忠元　邓宁丰

成　　员（按姓氏笔画排列）

丁雅清　于　宁　于　希　王来成　李卫东
杨利伟　辛大广　张铁钧　范占英　唐　燕
徐　睿　戴品华

《张履谦院士传记》编审委员会名单

编审委员会

主　任　包为民

副主任　江　帆

委　员　周晓飞　贾　可　陈学钏　邓宁丰　霍明儒
王双军　白燕强

编审委员会办公室

主　任　周晓飞

成　员　张铁钧　杨利伟　戴品华　于　宁　刘　毅
李卫东　徐　睿　丁雅清　李念滨　苏大亮
黄　莘

序　一

Preface I

中国航天事业自1956年创建以来，已经走过50多年的发展历程。在党中央、国务院、中央军委的亲切关怀和英明领导下，中国航天人团结一心、顽强拼搏、勇于创新、无私奉献，不仅取得了以“两弹一星”、载人航天工程和月球探测工程为代表的辉煌成就，孕育形成了航天传统精神、“两弹一星”精神和载人航天精神，也造就了一支技术精湛、作风优良的航天人才队伍。

航天系统的中国科学院院士和中国工程院院士就是这支队伍的杰出代表。中国航天科技集团公司和中国航天科工集团公司先后有50多位科学家和航天工程专家当选为两院院士。其中，有7位院士获得过“两弹一星”功勋奖章，2位院士获得过国家最高科学技术奖。他们不仅是航天成就的主要创造者，也是航天精神的重要孕育者和忠实践行者。

中国航天事业是在新中国成立不久，工业实力、科技实力、综合国力都很薄弱，帝国主义严密封锁，苏联撕毁协定、撤走专家的情况下发展起来的。以航天院士为代表的中国航天人，自力更生，艰苦奋斗，奋发图强，顽强拼搏，在一穷二白的基础上，独立自主地创建起了中国的航天事业。

航天型号研制是复杂的系统工程，涉及很多领域，需要众人参与，必须大力协同、集智攻关才能完成。以航天院士为代表的中国航天人，在航天工程研制实践中，齐心协力，密切配合，实现了一次又一次技术突破，铸造了一项又一项辉煌成就。他们为祖国的航天事业作出了巨大贡献，却淡泊名利，不计得失，将个人利益置之度外。

航天事业属于尖端技术领域，难度大、风险高、技术复杂，在发展历程中碰到过很多难题，经历过各种坎坷，甚至遭受过重大失利。以航天院士为代表的中国航天人，在困难和失败面前不动摇、不退缩，树立百折不挠、锲而不舍、脚踏实地、严谨务实的工作作风，不断攻坚克难、勇攀高峰，取得了一个又一个胜利，树立了一座又一座丰碑。

今天，在由航天大国向航天强国迈进的征程中，航天院士的科学思想、创新意识、坚定信念和爱国情怀是全体航天人宝贵的精神财富。中国航天科技集团公司和中国航天科工集团公司决定出版《中国航天院士传记丛书》，不仅是为了宣传航天院士的科研成就，总结航天院士的成长规律，更是为了传承航天院士的宝贵精神，使之生生不息、薪火相传，为“续航天梦、筑强军梦、圆中国梦”的伟大实践提供精神动力和思想源泉。

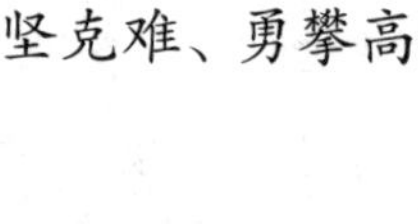

2014年1月

序　二
Preface Ⅱ

中国航天事业创建半个多世纪以来，培养和塑造了一大批功勋卓著、德高望重的中国科学院院士和中国工程院院士。他们具有坚定的理想信念和强烈的爱国情怀，理论功底深厚，技术水平高超，善于引领科学发展和技术创新，在中国航天事业发展的关键时期发挥了重要作用，为中国航天事业取得辉煌成就、孕育航天精神作出了突出贡献。

为了全面、系统地总结航天院士的成长规律，把航天院士的科学思想和创新方法记录下来、传承下去，为中国航天事业积累精神财富，为航天强国建设提供有益借鉴，中国航天科技集团公司和中国航天科工集团公司研究决定，组织编写一套《中国航天院士传记丛书》（以下简称《丛书》）。

党的十八大描绘了坚持中国特色社会主义道路、全面建成小康社会、实现中华民族伟大复兴的宏伟蓝图，同时也为加强国防和军队现代化建设、推进我国由航天大国向航天强国迈进指明了方向。在中国航天事业“续航天梦、筑强军梦、圆中国梦”的新形势下，出版这套《丛书》，具有重大的现实意义和深远的历史意义。

记载航天历史。航天院士是中国航天事业的宝贵财富，他们的成长历程反映了航天事业的发展轨迹。这套《丛书》不仅是航天院士个人的传记，也从不同侧面记载了中国航天从技术到管理、从思想到精神的真实历史。

弘扬航天文化。宣传航天院士，就是站在科学的高度，向社会各界全面宣传航天事业，弘扬航天文化，使其成为中华民族文化宝库的重要组成部分，增强中华民族的自信心、自豪感和凝聚力，提升国家的软实力。

传承航天精神。航天精神是包括航天院士在内的几代航天人，在中国航天事业发展历程中，不断积累、提炼、传承而逐渐形成的，是民族精神、时代精神与航天实践相结合的产物，是中国航天事业之魂。《丛书》全面反映了航天院士的学术成就、科学作风和思想品格，有助于航天精神薪火相传。

培育航天人才。中国航天事业已经完成了新老交替，一代航天新人正在茁壮成长。《丛书》是泽被后世的人才工程，对于培育航天人才、发展航天事业、铸造新的辉煌将产生积极的促进作用。

总之，《丛书》是一套具有航天特色的爱国主义教材，是不可多得的精神食粮。相信这套《丛书》的出版发行，必将吸引更多的年轻人热爱航天、投身航天、奉献航天，以饱满的热情和昂扬的斗志再攀高峰，使中国航天事业后继有人，蓬勃发展，续写辉煌。

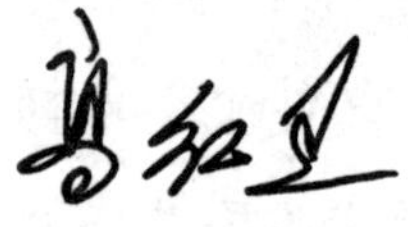

2014年1月

目　录
Contents

第一章

少年立志　战火磨炼

出身贫寒，耳濡目染，张履谦从小养成了勤奋好学的习惯；抗日流亡，颠沛流离，少年时便萌发出读书救国的思想。

1. 苦难岁月　走出勤奋少年

1926 年 3 月 1 日（农历丙寅年正月十七日），张履谦出生于湖南省长沙县黄花镇一个名叫蛇山嘴（解放后行政区划几经更迭，现名为长沙县黄花镇金塘村蛇嘴组）的小村庄里。村子靠近浏阳县永安镇，位于蛇山之嘴，背靠山腰一片葱郁的竹林。在朝向开阔的田野边，住着他和伯父两家人。

张履谦的父亲名叫张子尧，出生于农村，天生有腿疾，后腰脊骨断裂，不便做农活。

为了谋生，张子尧很小就到长沙城一家帽店当学徒，后来，又辗转学医。

平日善于思考和学习，是张子尧的一大特点。张子尧师傅的书房有一套《医宗金鉴》医书。这套著名医书是清朝乾隆年间著名的皇室医学丛书，共 90 卷，被收录在《四库全书》中。根据师傅的教导，张子尧每天都挤出时间学习《医宗金鉴》。凭借自己的勤奋和毅力，这套连师傅也没能全部读完的医书，张子尧却进行了通读。

学医期间，张子尧细心学习，仔细观察，认真钻研。每遇疑难病例，张子尧便会去医书中寻找答案。通过不断学习和实践，张子尧的医术日渐精湛，渐

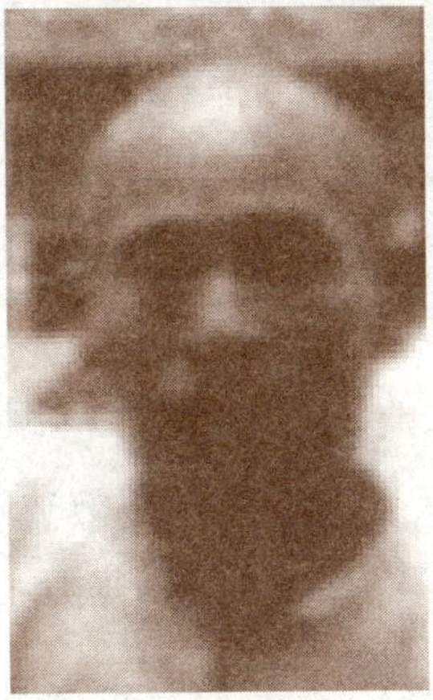

父亲张子尧和母亲王淑仪留影

成家乡远近闻名的中医。

撑着一把洋伞外出行医的背影，成了张履谦对父亲最深刻的记忆。洋伞由洋布制成，那时用手工纺织的布叫土布，用机器纺织的布叫洋布。南方多雨，夏日的晴天异常炎热，一把洋伞雨天遮雨、晴天遮阳，成为张子尧外出行医唯一的随身物品。不论刮风下雨，不论逢年过节，只要有病人求医，张子尧就会不辞辛苦地奔波上路。行医中，他经常每天走几十里路，日复一日，年复一年。张子尧对人如对己，一心想着病人，赢得了家乡父老乡亲的爱戴，远近的乡亲都亲切地称他为“尧爹”。

父亲认真钻研、虚心求教、体察病人的学医、行医、从医经历，深深影响着张履谦及其兄弟姊妹，也影响了张履谦的性格形成。

作为一名医生，张子尧始终把“治病救人”作为第一要务。从张子尧平日的言谈举止中，张履谦感受到父亲很强的忘我为他精神。

至张子尧这一辈，张家依靠祖传的几亩薄地，仅能勉强维持一家七八口人的生计。这几亩地地势低洼，每逢下大雨，山洪冲来就将田地全部淹没，种下的水稻往往颗粒无收。即使偶尔碰上好收成，全家也得勒紧腰带，日子过得十分艰难。糙米是张家当时的主要食物。“糙米饭拌辣椒”，成了张履谦对童年生活的恒久记忆。

“履谦”这个名字，可谓颇费父亲的一番心思。《史记·留侯世家》有载：秦末一老夫，在下邳桥上故意将鞋子掉到桥下，命张良为其取鞋、穿鞋，张良见其年老，恭而取鞋，跪而为他穿上。之后老夫又再三考验张良，最后将《太公兵法》传授给他，使张良成为刘邦最重要的谋士和军师。后人以“圯桥进履”或“张良进履”传述着这一处事谦恭的故事。父亲为子名“履谦”，亦有要求孩子“履行谦逊”，务须谦虚向人求取教益之意。

张履谦在张家儿女中排行老大，下有三个妹妹和三个弟弟。父亲外出行医，母亲操持家务。张履谦秉承了父亲艰苦朴素、吃苦耐劳的品性，清晨天未亮便起身将牛赶至山上吃草，然后再回家拿书本去学堂读书。完成一天的学业回家后，他还要给家里的菜地浇水、施肥，小小年纪便已知分担家务了。

张履谦的母亲名叫王淑仪，是一位勤劳善良的劳动女性。她料理全家人的衣食起居，养猪养鸡，还要承担地里的农活，日出而作，日落不息，默默地支撑着整个家庭。

尽管没有上过学，但母亲善良温厚。有时候，父亲在外行医未归，家里来了待诊的患者，母亲便吩咐张履谦和弟妹们烧水端茶，礼节备至。母亲从不在意就诊患者弄脏了自己的家居厅室，她教育子女将心比心，在待人接物上，默默地把中华民族的许多优良传统传给了孩子，使张履谦及其弟妹们终身受益。

尽管没有系统的家教，但父亲、母亲身上散发出的中国农民最朴实无华的品格，以言传身教、潜移默化的方式，教给了子女们为学和为人的道理。

张履谦 6 岁那年，父亲把他送到离家一里多路的张家祠堂一所名叫张氏雍睦小学上学。因为是家族祠堂小学，所以学费全免。祠堂小学有三四十名学生，但教室和老师都只有一个，上课形式是轮班教，即老师给一年级学生讲完一堂课，又接着讲二年级的课。这样的家族祠堂小学虽然留存有以前的私塾遗风，但上课内容却是新式小学的课本。语文是白话文，有看图识字，如《司马光砸缸》《孔融让梨》，还有一些文言文。数学有珠算和加减乘除运算等。

1936 年，张履谦初小毕业，父亲送他到春华镇长沙第三高小继续学习。入校时，校长看了他的初小成绩单后，认为他成绩优异，同意免予考试。张履谦顺利地进入长沙第三高小继续学习。

春华镇离张履谦家有十几里路程，在这里上学必须寄宿。于是，从 10 岁起，张履谦就开始了寄宿上学的生活，隔几周才能回家一次，生活必须自理。或许是深受父亲影响的缘故，父亲的许多优秀品质在张履谦身上得到很好的体现。在长沙第三高小寄宿期间，张履谦读书非常认真，爱动脑子，对数学兴趣浓厚，他的成绩在学校始终名列前茅。

父亲对张履谦要求严格，一直没有松懈过。放假期间，父亲总会在前一天晚上给他制订功课复习计划：早上放牛回来后，上午复习一课国文和算术，国文要做到会读、会写、会默，还要了解文章意思，算术要弄懂演算方法和应用，答案正确；下午学写毛笔字，认真临摹颜真卿《多宝塔》字帖；傍晚到菜地里浇水。父亲每天晚上都会检查他一天的作业，如果做得不好，就会要求他重新做一遍。

张履谦是一个懂事的孩子。不管是学校规定的课业，还是假期里父亲布置的作业，他都能认真完成，闲暇之余还经常帮助父母招待病人，烧火做饭，日子过得忙碌而又充实。

勤奋，一直是父亲对张履谦的要求。父亲曾送他两句座右铭：一句是“学而不思则罔”，说的是学习方法，告诉他学习必须经过认真仔细的思考才能有所收获，不加思考的学习是不会有收获的；另一句是“业精于勤荒于嬉”，教导他从事任何工作，如果想做到很精深、很精湛，必须勤奋，勤动手、勤动腿、勤动脑，只有勤奋，事业才能有成就。父亲举例说，司马迁的著作《史记》流传千古，和他勤奋努力、刻苦学习分不开。

张履谦少年时期的生活清贫艰苦，但对他来说却是一种磨砺。对此，父亲经常结合自身经历，给子女们讲解孟子的名言。“天将降大任于斯人也，必先苦其心志，劳其筋骨，饿其体肤……”，在张履谦看来，孟子的这些名言，正是父亲身上优秀品质的写照。张履谦从中汲取经验教训，幻化成自己成长的动力和源泉。

而今，张履谦回忆起少年时代的生活和家庭教育仍历历在目，记忆犹新。张履谦用东汉科学家张衡的名言“人生在勤，不索何获”，来总结自己的少年生活。正是先贤们教授的朴实真理和父亲“勤奋努力、谦虚求教”的谆谆教诲，伴随张履谦走过了 87 个春秋。他说：“勤奋努力，给予了我孜孜以求的意志，锻炼了我的体魄，给予了我愉快豁达的心情，更重要的是给予了我为国效力、奉献自我的无穷智慧和精神力量。”

父亲、母亲身上传递出救助危难、帮扶他人最为朴素也是最为伟大的中国传统道德观念，对张履谦的影响是深远的。或许正是在父亲匆忙赶去救治病人时留下背影的一刹那，胸怀天下、报效国家的远大理念，在张履谦的心里迸发出了火花。

2. 战乱求学　立志读书救国

1937 年 7 月 7 日，日本侵略者发动“卢沟桥事变”，抗日战争爆发。

“平津危急！华北危急！中华民族危急！”全国上下掀起抗日救亡的高潮。这一年张履谦 11 岁，他幼小的心灵，懵懂中开始萌发出“抗日救亡”的爱国思想。

小学五六年级，张履谦就读于春华镇长沙第三高小，这个小镇地处长沙通往平江的一条要道。平日里，镇上生意繁荣，摊贩云集，行人如织。一夜之间，风云突变，路上涌来了大批奔向前线的抗日战士，呼唤声，马啸声，连成一片。老百姓人心激昂，对日本鬼子充满了满腔的仇恨。

第三高小腾出教室给抗日部队驻扎，操场上挤满了呼啸的马匹，学校师生抗日热情高涨，纷纷走向社会宣传抗日，走上街头募捐支援抗战。张履谦也满怀激情地走出校门，加入了抗日救亡的行列。

1938 年，张履谦在长沙第三高小毕业班，唱起了《毕业歌》，“同学们，大家起来，担负起天下的兴亡。听吧，满耳是大众的嗟伤；看吧，一年年国土的沦丧……同学们，同学们！快拿出力量，担负起天下的兴亡！”

一首《毕业歌》，表达了千百万学子以天下兴亡为己任的爱国心声，号召有为青年走上抗日救亡的道路。小学的学习经历，让张履谦接触到了更多的社会现实和进步思想，接受到了“天下兴亡，匹夫有责”的古训。当《毕业歌》中一句句铿锵的歌词，一声声敲打着张履谦幼小的心灵时，在他心底深处埋下了抗日救国的种子。

1938 年秋，武汉、广州等相继沦陷，湖南由抗战大后方变为抗日前线。突如其来的变故，打破了张履谦埋头读书求学的梦想。随后，他经历了家乡沦陷、流浪他乡的血与火的生活，更加锻炼了他的身心，坚定了他学而有成、振兴祖国的决心。

颠沛流离，在战火中锻炼，是张履谦中学时代最深刻的回忆。

1938 年，张履谦从长沙第三高小毕业后，投考湖南平大初级中学，并在入学考试中取得了数学和语文两个满分。如此优秀的成绩，使学校免去了他的学费，并给他颁发了校级奖学金。

1938 年夏末，张履谦进入湖南平大初级中学，开始了中学学习生活。张履谦感到一切都是那么新奇，新的学科知识，负有名望的老师，宽大的教室，来自各方众多的同学，好奇之余，更增加了他求知的渴望。

正当张履谦如痴如醉地沉浸在学海之中时，1938 年秋，国民党军队在抗日战场上节节败退，战火越烧越近，武汉、岳阳等城市相继沦陷。为了避免长沙沦陷后被日本人所利用，国民党政府实行“焦土政策”，放火烧毁长沙城，一夜之间，整个长沙城变成了废墟。

突如其来的灾难，打乱了平大中学的教学秩序，也打破了张履谦读书求知的梦想。随着战争形势日渐紧迫，张履谦就读的平大中学被迫停课和解散，老师和同学们纷纷回家。情急危难之中，张履谦和许多路远的同学没来得及收拾行李，就匆匆忙忙地回到家中。家里的人也正在收拾行装，打起包袱，准备些粮食和碗具，外出浏阳逃难。

浏阳位于湖南省东部，整个地势东北高峻，向西南倾斜递降，其最高点位于浏阳市东北部的大围山。浏阳地势以丘陵为主，到处是小山，一簇一簇四处散落，山中间是平地，当地人称它为“洞”，有“大洞”、“中洞”和“小洞”之分。遇战事紧张之时，许多百姓就躲在这些“洞”里。

前方不断有战事失利的消息传来，当地老百姓惶惶不安，战争阴云密布，张家决定尽快撤离。于是，张履谦随父亲、母亲、弟弟、妹妹，以及张家叔伯及邻居等几十人，一同逃难到浏阳北盛仓九鸡洞的“中洞”里躲藏了几个月。

1941 年秋，日军又发动了对湘北的第二次大规模进攻，战火再次烧到长沙，张履谦父母及家人来不及逃走，滞留在家乡，张履谦则随伯父一同跑到株洲，抢登上由株洲开往郴州的火车，前往湖南衡阳以南的耒阳地区逃难。由于日本飞机不停地轮番轰炸，往南的火车走一段、停一段，直至一个月后，张履谦和伯父才到达耒阳。身处异地，举目无亲，张履谦又在耒阳过了几个月漂泊流浪的生活。

残忍的日本侵略者给中国人民带来了深重的灾难。湖南的许多村庄被日本鬼子洗劫一空，到处是满目疮痍的景象。张履谦的家乡也未能幸免，家中财物被洗劫一空。更使他伤心悲愤的是，年仅 14 岁的亲弟弟张履中被日本鬼子抓走，再无消息。日本鬼子抓走弟弟时，母亲上前哀求，日本兵飞舞着刺刀和枪托，狠狠地将母亲驱走。这一切，在张履谦心中留下了永远抹不去的伤痛。

战争的阴影缠绕着长沙。第二次湘北会战结束不久，日本鬼子又对湘北发起第三次大规模扫荡。在烽火连天的岁月里，张履谦流离漂泊，无处安身。初中的学业时断时续，无法保证系统地学习。但即使在这样的环境里，张履谦也没有丢下书本。他在逃难的日子里，始终肩挎着装有数学和英语课本的书包，一有时间就拿出课本学习，有时躲在防空洞里还朗读英语和做数学题，始终不忘勤奋学习。

1942 年，张履谦在战火中和颠沛流离的生活中修完初中学业，之后，顺利考取湖南广益中学（即现在的湖南师范大学附属中学），进入高中学习。

湖南广益中学创立于 1905 年，是革命先驱者禹之谟创办的一所具有深厚办学底蕴的三湘名校。抗日战争时期，湖南广益中学迁至湖南衡阳市常宁县大坪村。

1944 年 5 月，日军向湘北方向发起攻势，第四次湘北会战爆发，长沙沦陷，日军南下衡阳，离常宁县大坪村不到百里路。形势危急，广益中学宣布解散。此时，张履谦在广益中学的学习时间还不满两年。

对张履谦和其他许多来自长沙、益阳、常德、湘潭等地的湘北同学而言，他们又成为无家可归的人。学校老师看到这一情形，不忍心丢下学生，于是，他们把留下的学生集合起来，对同学们说，只要老师有饭吃，就有学生的饭吃。之后，老师分头带领学生撤离学校，辗转到湘西、湘南一带，一面进行求援，一面组织教学，广益中学也就成了“流浪式”学校。

为了分担老师的负担，湖南嘉禾县同班同学李秀生邀请张履谦和徐文思到他的家乡去避难。告别老师后，张履谦和徐文思来到嘉禾县，在李秀生家安顿下来。

1945 年 8 月，日本战败投降，抗日战争取得胜利。张履谦离开嘉禾县，找到迁到蓝山县的广益中学。在老师们的帮助下，张履谦又继续学业，上完高中。

从 1938 年的长沙大火，到后来的湘北四次会战，长沙每次都是战争的最前线。烽火连天，百姓遭殃。张履谦夹在逃难的人群中，无数次躲过天上的空袭、地上的枪炮。逃难过程中，并不是所有人都能像张履谦一样在不幸中逃生。一次，张履谦和他的两个同学一同藏在树下躲避日军飞机轰炸，不幸的是，那两个同学被日军飞机上的机枪扫射而死。亲眼见到同窗学友在自己的身边倒下，张履谦震惊悲伤，他对日寇的罪行更增添了悲愤的记忆。

在逃难的岁月里，张履谦每天要步行上百里路，肚子饿了，便向老乡讨口饭吃；口渴了，便拿出杯子舀河沟里的水喝。晚上拿稻草当被子，睡在庙宇中，有时连庙宇也找不到，就睡在屋檐下。他在逃难路途中得了多种流行病，没有药也无医生可看，几次休克倒地，在艰苦的环境中，在枪林弹雨中，毅然挺了过来，拣了一条命。

张履谦是幸运的，最终从日本飞机的扫射和炸弹下活了下来，从流行病中挺了过来，从颠沛流离的生活中坚守过来。苦难岁月没有夺去他的生命，也没有压垮他求学求知的意志。相反，病痛的折磨，练就了他坚强的意志；艰难困苦的逃难经历，打造了他强健的体魄。

穷人的孩子早当家。生活在战乱时期的张履谦，比同龄孩子更懂事，也表现出超越同龄孩子的责任心。1944 年在嘉禾县避难，落脚于同学李秀生家中。为了不给同学李秀生家里增添负担，张履谦和徐文思在附近找了一间房子，办起了小学生的补习班，他们的报酬是每个学期每名学生为他们提供一斗米。虽然条件非常艰苦，但张履谦和徐文思能够勉强填饱肚子。

办了半年补习班后，张履谦由李秀生家人介绍到嘉禾县庐永小学当小学教员，工资是每个学期（半年）一担半米。有了粮食，日子仍然过得很艰难，张履谦便在学校门口辟出一小块菜地，自己种菜。就这样，通过办补习班、教小学、种菜，张履谦自力更生，维持生计。他每天非常忙碌，既要备课、批改作业，还要抽时间照料菜地和做饭。

尽管如此，张履谦始终没有丢下自己的高中课程。在边逃难边学习，边学习边谋生的环境下，张履谦度过了他整个中学时代。颠沛流离的生活并没有让他放弃学业，相反更使他深刻体会到学习的意义。落后就要挨打，只有国富兵强，百姓才能安居乐业。在残酷的战火中，在冰冷的现实面前，张履谦心底埋藏的“读书救国”的信念越发坚定！

张履谦

张履谦院士传记

Academician Zhang Luqian's Biography

第二章

求学清华　锻炼成长

求学清华，张履谦在学业有成的同时，找到了自己的人生信仰，新中国诞生前夕，加入了中国共产党。

1. 考取清华　攻读电机工程

1945 年日本投降，全国人民久日盼望的这一伟大胜利终于来到了。国内局势暂时好转，各高等院校从西南各省逐步回迁，教学活动相继展开。1946 年夏，北京大学、清华大学、南开大学联合在武汉招生，同时，武汉大学、西北工学院（1957 年更名为西北工业大学）也在武汉招生。

获知这些大学的招考消息后，张履谦马上与同班同学奔赴武汉，报考了清华大学、北京大学、南开大学三校的联合招生，还有武汉大学和西北工学院，参加了三场入学考试。

虽然，张履谦的中学基本是"流浪式"学习，教室里的读书声常常伴随着教室外的飞机和枪炮声，张履谦没有坐在教室里正式上过几堂课，所学课程也非常有限，不少课程还是在防空洞里自学完成的，所学知识非常不系统，但他却以顽强的毅力和刻苦的精神，完成了中学学业。大学招生考试结果发榜公布，张履谦三场考试被全部录取，取得了全胜，同时被清华大学、武汉大学和西北工学院录取。

回想多年来奔波逃亡的求学生涯，张履谦深知，只有振兴工业，振兴国力，国富兵强，能自己生产飞机大炮，有强大的实力，国家才不会受人欺凌。本着读书救国、富国强兵的念头，张履谦选择了清华大学。

为了躲避战乱，1938 年至 1945 年，清华大学向西南大后方撤离，并在昆明与北京大学、南开大学合并成立了临时性大学，这就是著名的西南联合大学。

在民族危亡的岁月里，西南联大聚集了众多胸怀天下、追求民主自由的知识青年，也聚集了很多优秀学者和留学归来的知名教授。虽然西南联大地处西南边陲，但爱国主义精神空前高涨。西南联大校歌《满江红》中唱曰:“……千秋耻，终当雪。中兴业，须人杰。便一成三户，壮怀难折。多难殷忧新国运，动心忍性希前哲。待驱除仇寇复神京，还燕碣。”

在颠沛流离中走来的张履谦，始终将自己的命运与中华民族的命运紧紧地联系在一起。四处漂泊的他受到西南联大爱国主义精神的感召，选择清华大学作为自己人生的又一个起点，实属必然。

张履谦了解到，电是发展工业的基础，造飞机大炮没有电不行，国家要富强，国力要雄厚，绝不能离开电力。在填写专业志愿时，他毫不犹豫地选择了电机工程系，从此与电结下了不解之缘。

1946 年秋，张履谦依依不舍地告别家乡，步行 40 里泥土路到长沙，一路怀念着父母从小的教导，脑海里铭刻着对日本鬼子的仇恨，憧憬着建设美好祖国的未来，踏上了北上的征程。

那是一段辛苦却又充满希望的旅途。那时，京广铁路受战争破坏还没有修复，当时还没有飞机航班，从长沙到北京，必须绕道海路。张履谦从湖南长沙到武汉乘坐的是简易火车。火车头是载重汽车换上轮子，拖着两节车厢，每个车箱摆了几条长凳，仅能容纳40多人，旅客就这样坐在凳子上渡过白天和黑夜。炎热的夏天，车厢里十分闷热，开水也供不上，只能等火车到站后到站台上买水喝。到达武汉后，由陆路改水路，坐客轮沿长江顺流而下到上海，长江两岸风景颇美，但张履谦没有心思观赏风景。到达上海后，张履谦等清华大学新生受到了清华大学同学会的热情指引和接待，同学会帮助张履谦等新生解决了住宿问题。接着，由同学会安排他们乘坐战后移交我国的美军登陆艇，历经四天的海上颠簸到达天津塘沽，最后再乘坐火车前往北京。从家里出发到学校2000多千米的路程，张履谦足足走了大半个月。

1946年9月，20岁的张履谦终于来到了清华园，正式成为清华大学电机工程系的一名学生。

2. 良好环境　培育优秀素质

1946年，从西南边陲昆明迁回北平的清华大

20世纪40年代，张履谦（后排右四）和清华大学电机工程系的同学们合影

学，重新焕发出勃勃生机。校长梅贻琦凝聚了一批国内外知名的学术大师，形成了强大的教师阵容。同时，北京大学、燕京大学与清华大学之间，教师相互任课，更使师资优势得到进一步增强，许多优秀学者都亲自登台讲课。张履谦聆听过多位名师授课，例如，周培源先生的《普通物理》、叶企逊先生的《物理概述》、王竹溪先生的《热学》、孟昭英先生的《无线电原理》、常迥先生的《电波学》、章名涛先生的《电机工程》及钱伟长先生的《工程力学》等。名师大家们的讲授，为张履谦后来几十年的工作打下了坚实的理论基础，使他终身受益。

初进学校，大学学习生活忙碌而繁重。张履谦所在的电机工程系电工原理专业课，理念深奥，内容抽象，而且考试极其严格。开始学习时，张履谦感到很费劲，考试成绩也不好，后来通过认真思考和勤奋努力，掌握了学习方法，培养了好思索和勤做题的学习习惯，逐渐适应了大学生活和忙碌而繁重的学习。

为使学生多掌握一门外语工具，学到更多的知识，学校要求学生在英语必修课之外，还要选修一门第二外语。张履谦选修了德语，认为德语有助于他对专业课的理解。德语文法严格，字义清楚，有些专业基础课通过德语和英语的文字比对，更容易加深理解，同时，德语也提高了张履谦对专业课的学习兴趣和学习热情，达到一石二鸟的目的。

清华大学宽松的学习环境，为张履谦提供了更加广阔的求知空间。

其一，可以任选课程。尽管张履谦是电机工程系的学生，但他也能到其他系去听课。他听过土木建筑系的素描课，学习了一些绘画基础知识，还去文学院英语系听英诗课程，对欧洲文艺复兴时期英国伟大的剧作家和诗人、世界最杰出的大文豪莎士比亚的著作很感兴趣。张履谦感到莎士比亚的作品与中国的《诗经》《论语》类似，具有深刻的哲理和寓意。其中的内容至今还记得一些：

"Do not,for one repulse,give up the purpose that you resolved to effect ."（不要只因一次失败，就放弃你原来决心想达到的目的。）

"The time of life is short ; to spend that shortness basely,it would be too long ."（人生苦短，若虚度年华，则短暂的人生就太长了。）

他还记得，莎士比亚的悲剧《麦克白》中有一句话，"上天生下我们，是要把我们当作火炬，不是照亮自己，而是普照世界"。这些箴言警句也照亮了张履谦的人生道路。

尽管这些课程与他的专业课无直接关系，但当时清华大学各学科对不同知识领域的学生的开放程度，体现了学校的教育思想，也使学生们的文化素质得以丰富和提高。张履谦吸收了绘画、诗歌这些艺术元素，不仅丰富了自己的文化修养，还把这些信息融汇到自己的学科里，触类旁通，开拓思想，增强了对本学科知识的理解和专业水平的提高。

其二，清华大学的学术讲座很多，从国外归来或有独立创新思想的教授们都可上台演讲。校方经常在大礼堂或同方部举办一些知识讲座，张履谦每每都会踊跃前往聆听。这些讲座或不拘泥于某种单一学科，或重点介绍某种新兴事物。当时，电真空器件研究还是一门崭新的学科，学校在大礼堂举办了一场磁控管的学术报告，报告人是孟昭英。这次报告给张履谦很多全新的思想，了解了磁控管是推动微波技术进步的关键器件，更激发了他学习电波学的热情。电波学是电机工程系电信专业的必修课，授课老师是从美国哈佛大学毕业的常迥先生。常先生将电磁学的先进理论和技术带回祖国，传授给他的学生，为我国的微波技术发展作出了贡献。在清华大学良好的环境里，在浩瀚的知识海洋里，在当代多位科学前辈的引领下，张履谦迅速丰富着自己的理论知识。

除基础课和专业课之外，清华大学还教育学生如何做人。张履谦从小目睹日本鬼子的侵略，内心孕育着发愤图强的朦胧意识，“自强不息，厚德载物”的清华大学校训，恰与张履谦的思想不谋而合：“自强不息”一直是他追求的目标；“厚德载物”意为做人处世要心胸开阔，立志高远，严于律己，宽以待人，做一个有道德的人，像大地一样宽广厚实，载育万物和生长万物。张履谦自小受父亲谦虚待人的影响，与人为善，胸怀宽广，虚心听取别人意见，“厚德载物”的寓意在他内心深处得到深深的响应和共鸣。在清华大学百年华诞之日，张履谦以此校训作书法，作为庆祝母校百年生日的献礼。

通过清华大学的教育培养和个人的自身努力，几十年后，张履谦所在电机工程系的同班同学中人才辈出，除朱镕基曾担任国务院总理外，金怡濂、陆建勋、王众托和张履谦四人当选为中国工程院院士，还有一些同学成了国内知名的法律、经济、艺术和教育等领域的专家。

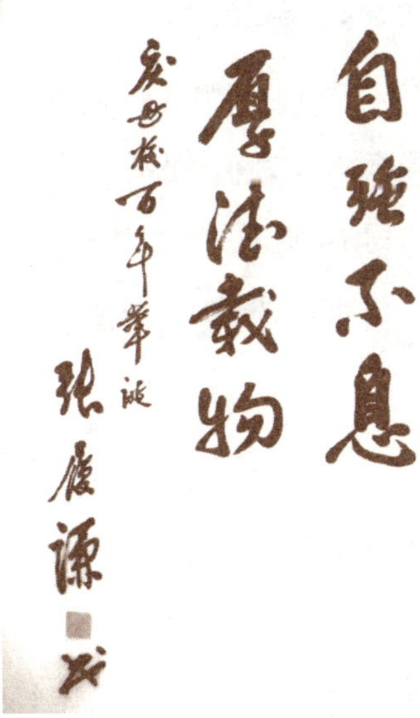

2011年，张履谦为庆祝清华大学百年华诞而作书法

2011年，张履谦和同班同学金怡濂、王众托、陆建勋（右起）三院士合影

3. 追求进步　成为地下党员

张履谦家境贫寒，远离北平，交通不便，寒暑假从未回过家。他利用假期和平常的课余假日，参加学校组织的社团，积极投身社会活动。假期里，张履谦每天早上都在荷塘边念外语，上午复习专业课程，下午和晚上去学校郊区的农村识字班、医疗队和清华大学的职工夜校参加社会活动，终日忙碌，生活紧张而又充实。张履谦参加了党的地下外围组织主办的“农村识字班”活动，他走出校门，教学校附近的一些农民子弟读书、识字。解放后，在张履谦身边工作的同志中，竟有人认出了他就是当年的教书先生。由于亲身体验过青少年迫切要求学习的心情，他备课非常认真，讲课十分热情。他还参加了清华地下党组织主办的“职工夜校”，为工友们上文化课，讲授数理基础知识。工友中有水暖工、木工、电工、瓦工，甚至还有清洁工，张履谦结合他们的工作，为他们讲授相关知识。在中医家庭长大的他，还参加了党的外围组织主办的“农村医疗

队”，到海淀郊区农村，为村民义诊。他经常背着装有红药水、碘酒、仁丹、蛇药、药棉、纱布等物品的简易药箱，为村民们免费诊治。由于小时候受父亲行医的熏陶，耳濡目染，张履谦也能轻松应对一些常见病。有一位村民被蛇咬伤，经张履谦治疗后痊愈，这位村民便在自家田里摘了一个大大的向日葵送给他，以表感激之情。

当时的北京大学、燕京大学、清华大学等高校聚集了许多追求进步的知识青年。国民党对进步青年和学生运动十分恐惧，千方百计地进行阻拦和镇压，斗争日益白热化。国民党政府不敢随便进校抓学生，便在校外安插特务，寻机抓捕学生。许多学生被不分青红皂白地抓走，遭到刑讯逼供，要求他们供出“后台”。尽管学校为了保护学生，会派人与国民党当局交涉，通过写保证书或交赎金的方式赎回学生，但还是有一些学生没能解救出来，甚至最终下落不明。

一天，张履谦在去海淀农村参加医疗活动时，遇到了“麻烦”。他发现两个国民党特务在对他盯梢，无论自己走到哪里，特务便跟踪到哪里，观察他和谁接触，讲了些什么话，做了些什么事。当他背着药箱回校时，两个国民党特务准备对他下手了。对于这种事情，张履谦以前只是听说过，没想到这次真的遇

1947年，张履谦（前排左一）和同学们在清华大学校园留影

上了。他沉着冷静，暗自思忖对策，努力摆脱特务。当时，北京海淀一带还是荒凉的农村，一条老街，几个小商铺，马路边还有一些地摊儿，远不像现在的繁华。张履谦背着药箱，一边往学校走，一边暗窥两个特务的动向。趁两个特务一时疏忽，他立刻调转方向，拐进了路边一家小饭馆，再从小饭馆的后门走出来，撒腿向地摊儿的人群中跑去，七拐八拐，终于甩掉了特务，安全地回到了学校。

刚到清华大学时，张履谦怀着读书救国、振兴工业、富国强兵的思想入学，忙着听课、做习题，如饥似渴地学习新知识。渐渐地，通过走向农村，走向社会，积极参加进步学生运动，张履谦发现大学生活的全部并不是只有课堂和考试，关心民生，关心国家前途和命运，也是极其重要的一个方面。

进入清华大学前，从小生长在农村的张履谦，对国内局势了解不多。进入学校后，他耳闻目睹了许多政治事件。北平举行了抗议美军暴行的示威游行和支持东北学生的请愿游行。学生们的这些正义行动，被国民党当局认定为非法，就连张履谦参加的农村识字班、医疗队，也被国民党特务分子暗地跟踪盯梢，视为非法活动。

国民党当局抓捕共产党人、杀害民主人士、把学生列入黑名单等消息，在清华园里传得沸沸扬扬。清华大学大食堂前面的民主墙贴满了反对国民党政府独裁统治的大字报。爱国青年的热情在不断积聚，不断酝酿，随时寻找着爆发的突破口。凭着在清华大学的所见所闻，以及在大字报中看到的犀利评论与一针见血的分析，张履谦也在思考——不能两耳不闻窗外事，一心只读圣贤书，要投身爱国学生运动，参加挽救中华民族危亡的行动——这就是张履谦找到的答案。他慢慢认识到，中国共产党领导中国人民打败日本侵略者，付出了极大的努力和牺牲。为了争取国内和平，中国共产党积极与国民党进行和平谈判，但国民党却借此排除异己，一心准备内战，妄图把祖国和人民再次拖向黑暗的战

1947年，清华大学学生会大字报组成员在民主墙旁留影（前排右一为张履谦）

争深渊。

校园内的大字报和小字报，带领张履谦进入了另一个思想世界。他开始留心校园里随时出现的大字报，每当贴出有新内容的大字报，他总要先看完一遍，再进食堂吃饭。空闲时，张履谦还会跑到食堂门口，仔细阅读那些没有被撕去而幸存下来的大字报，积极思索，同时开始关注进步学生的一些活动，经常去听一些关于民主革命的演讲，思考除学习之外，自己还能为祖国做些什么。

渐渐地，张履谦意识到，中华民族要富强，不但要发展工业，成为工业强国，更要推翻国民党当局的反动独裁统治，才能获得稳定的社会环境，建设强大的祖国。他不但关注各类民主运动，还积极参加“反内战、反饥饿”等游行活动。对于各种正义的学生罢课、游行和请愿，他总是以极高的热情参与其中。

许多次游行，学生队伍都遭到了国民党军队的镇压。国民党军队在新华门布置了消防车，拿着水龙头喷向学生的游行队伍。同学们顶着拦阻，没有退缩，大家手挽手，高唱“团结就是力量，这力量是铁，这力量是钢……”，继续英勇前进，和国民党反动派作面对面的斗争。张履谦也走在了队伍中，成为游行队伍中的一员。

在和国民党反动派作斗争的民主运动中，大字报是一种非常有效的斗争手段，甚至几张大字报可以掀起一场罢课运动，也可以发动一次北平或全国性的大游行活动。张履谦小时候学的毛笔字，此时有了用武之地。他参加了清华大学学生会的大字报组，在北平的几次重大罢课游行中，他抄写的大字报铿锵有力，清晰醒目，吸引力强，起到了很好的宣传和战斗作用。

随着与一些志同道合的同学交往和交流机会的增多，许多进步书籍在同学之间私下传阅，张履谦接受到了许多新思想。就在此时，建设新民主主义

北平解放前夕，张履谦参加清华大学“反内战、反饥饿”游行活动

新中国的呼声在学生中悄然传开。一些进步学生带领同学们讨论国民党的独裁统治和腐败，评论蒋、宋、孔、陈四大家族的垄断财团，揭露国民党的血腥统治，介绍毛泽东的《论持久战》《新民主主义论》，刘少奇的《论共产党员的修养》等进步书籍。

张履谦积极热情地参加各种民主学生运动，经受了严竣的考验，引起中共地下党组织的注意，并让一些进步学生主动与他联系，时常给他送一些进步书刊。张履谦对这些进步书刊很感兴趣，总是在晚上睡觉前，躲在被子里用手电筒照着阅读，这些宣传民主、革命的道理，在他心里产生了共鸣。张履谦的思想和行动，被进步学生的“有心人”看在了眼里。

大学三年级的一天，许宏温同学主动找到张履谦。他告诉张履谦，爱国学生运动并不是自发的，而是由一个地下秘密组织在背后支持，这个组织叫“民主青年联盟”，简称“民青”，是中国共产党的地下外围组织，该组织的宗旨是推翻腐败独裁的国民党，建立一个富强民主的新中国。张履谦对此很感兴趣。在许宏温的介绍下，1948 年 10 月，张履谦加入了“民青”（解放后，“民青”转为中国共产主义青年团）。

通过多重考察，1948 年 12 月，党的地下组织决定吸收张履谦加入中国共产党。庄沂是清华大学机械系学生，和张履谦是同年级，两人一起在清华大学职工夜校做进步职工的思想教育工作。通过几个寒暑假的相处，庄沂对张履谦的思想情况和家庭情况有了进一步的了解，后来成为张履谦的入党介绍人。

1948 年，正是国民党反动统治面临灭亡的前夕，白色恐怖笼罩中国大地，国民党对共产党和进步人士展开了更加残酷的迫害，中共地下党员随时面临被国民党逮捕和杀头的危险。张履谦深知此时一旦加入共产党，就等于将脑袋挂在腰带上，随时可能被捕，甚至牺牲。张履谦对庄沂说：推翻国民党统治，真正实现中国富强，是经历过九死一生的他所追求的，自己的生命在逃难时没有

2011年，张履谦和许宏温（左）合影

饿死和病死，在日本人的炸弹下没有被炸死，现在还会怕死么？我就是怀着富国强兵的念头来上大学的，只要中国能够进步，国家能够富强，就算自己牺牲，又算得了什么！

这些可能面临的危险，丝毫没有吓倒张履谦。

在国民党统治的黑暗时期，共产党地下组织成员之间采取的是单线联系方式，每个党员的联系人都相对固定，联系人之间有约定的口令、暗号。因此，即使住在同一间宿舍的同学，如果不是自己的联系人，也无法知道是不是自己的同志。

张履谦至今还记得他与联系人第一次见面的情景。

一天晚上，有人敲张履谦的宿舍门。

“你看过茅盾的《子夜》吗？”

“看过。”

“看过几遍？”

“五遍！”

于是，张履谦知道，面前站着的这个人就是自己的联系人。

1948年12月的一个晚上，在清华园荷塘边安静的小树林里，张履谦等来了他的入党介绍人庄沂。在这个晚上举行了一场秘密而又神圣的入党仪式。

“我志愿加入中国共产党，承认党纲党章，执行党的决议，遵守党的纪律，保守党的秘密，随时准备牺牲个人的一切，为全人类彻底解放奋斗终身。”从这一刻开始，张履谦加入了中国共产党。他认真复述着庄沂说出的每一句话，并默默地将这些话记在心里。60 多年后，每当回忆起这场神圣的仪式，年届耄耋的张履谦仍清楚地记得自己当时所立下的誓言。

从此，张履谦开始走上革命道路，走上为共产主义信仰、为中国共产党和国家利益奋斗终身的道路。

4. 同甘共苦 建立同窗友谊

在清华大学读书期间，由于家庭经济困难，张履谦无法获得家里的经济支持。清华大学是国立大学，无需缴纳学费和住宿费，贫困学生还可以申请公费资助。在同学们的帮助下，张履谦获得了全公费资助，每个月可以领到三分之二袋的面粉，以此维持生活。尽管如此，生活费仍是一项沉重的负担。与南方相比，北平的冬天气温低得多，张履谦手上生了冻疮，急需购置越冬的棉衣，学工科做习题需用计算尺，制图需买丁字尺和绘图工具。战争年代，张履谦家中的财物被日本人洗劫一空，七八口人的生活本已十分困难，在他离家时，父亲给他筹措的 100 元钱，是全家人竭尽所能凑来和借来的，张履谦用这 100 元钱买了一件皮夹克，又买了一把计算尺和一套绘图仪器。张履谦在学校的日子过得十分清苦，做习题的草稿纸用满了一面，翻过面来再用；铅笔用短了，用绳子捆扎在笔杆上再用，也不怕别人笑他寒酸。平时无钱下馆子吃饭，只是有哪个同学家中寄钱来，便会邀请大家到学校旁边的小饭馆里吃上一碗炸酱面，打打“牙祭”。

那时，清华大学学生住宿是自由组合的，可以几个人自愿组合住一间宿舍，有钱的人还可以在校园外租房住。在学校的各种活动中，张履谦认识了一些湖南同乡。他乡遇故知，情真又意切。他们自愿结成伙伴，住在明斋117宿舍。这间宿舍可以住8个人，摆4张双人床，8张小课桌面对面地拼放，上面吊着两个电灯泡，晚上就在这里做作业。先后在这间宿舍住过的人，有同一年考入清华电机系后来转经济系的刘观丰，有张履谦在广益中学的同学、后曾担任国务院总理的朱镕基，有电机系的同班同学张信传、郭道晖、黎模健、陈慎行、李特奇、谢克伦、皮兆鸾，还有文学系的洪锡琪。

住在明斋117宿舍的8个人，过着“乌托邦”式的生活，一直到毕业。这是一段共产主义般的美好时光。那个时候，不管谁家寄钱来，大家都将钱放在一起管理，由刘观丰担任会计，谁有需要时，都可以到他那里申请。大家有多余的衣服，都放在房间内一起保存，谁需要便可以去领取。钱、财、物和生活用品统一管理，互通有无。

虽同住明斋 117 宿舍，但他们之间只是相互知道都是进步同学，但其中谁是共产党员，谁是“民青”，无人知晓。当有学生运动时，谁也不知道谁去了何方，其实他们都在忙着写文章，写大、小字报，做教授的统战工作和外校工作。平日，他们合办了一份小报，取名为《晓露》。小报的发行宗旨是宣传进步思想，介绍北平学生运动；发行对象是在湖南家乡的中学母校师生，还尽可能扩大到外省、市。“晓露”意为“早晨的露水”，它孕育着禾苗的生长，催生着新中国的到来。张履谦负责《晓露》的印刷工作，他刻蜡版是把好手，刻得又快又好。

在明斋 117 宿舍的 8 个人中，张履谦与朱镕基的友谊甚为深厚，俩人不仅同在清华大学电机系读书，同住一间宿舍，之前还同为广益中学的校友，情谊更深一层。作为清华大学学生会主席的朱镕基，常常要外出参加一些学生活动，在北方寒冷的冬天，迎着西北风在大操场上讲演，衣着很单薄。于是，张履谦就把自己身上最值钱、也是最保暖的那件皮夹克送给朱镕基防寒御冷，体现了革命同志之间的深厚情谊。在毕业后的几次同学聚会上，大家回忆往昔，畅叙友谊，朱镕基多次提及此事，讲述革命同志之间的亲切关爱。

1948年，清华明斋117宿舍的同学们（前排左一为张履谦）

5. 受党派遣　参加首钢接管

1948 年冬，只有几天党龄的张履谦响应党的号召，服从党的分配，离开清华大学，参加了接管刚刚解放的石景山钢铁厂（即后来的首都钢铁公司）的工作。

在石景山钢铁厂，张履谦独自负责对全厂职工的宣传工作。在清华大学读书期间，他利用假期，多次深入到人民群众中，为工人、农民传授文化知识，促膝谈心，传播进步思想，增进了对人民群众的认识和了解。但当他到石景山钢铁厂工作时，却发现实际情况远比自己以前遇到的要复杂得多。

石景山钢铁厂的职工由于长期受国民党反动宣传的影响，对共产党不了解，以为共产党是“共产、共妻”，是“土包子”，只会打土豪、分田地，不会管工厂，加上国民党到处散布“共产党统治长不了，国民党会再回来”的谣言，厂里局势十分复杂。如

1949年，张履谦在接管石景山钢铁厂时的工作证

何改变这一状况，提高职工的政治觉悟，增进对共产党的了解，调动恢复生产的积极性，是摆在张履谦等接管人员面前的难题和紧迫任务。

张履谦根据在校参加学生运动的经验，到工人群众中进行家访、个别谈心，召开诉苦会，说明共产党是工人阶级的先进组织，为的是解放全国人民，建立新民主主义社会，引导工人群众转变思想，提高觉悟。张履谦所做的这些工作，收到了很好的效果，得到了当时与他一起工作的党内文化名人、《白毛女》歌剧作者贺敬之的热情肯定。

与张履谦一样，贺敬之也是被党组织临时抽调到石景山钢铁厂参加接管工作的。作为张履谦的上级领导，他热情回答了张履谦在思想教育工作中遇到的问题，对其开展的一些很见成效的工作非常满意，俩人商议如何开展下一步工作，合计创办了《职工小报》。

《职工小报》是石景山钢铁厂解放后共产党办的第一份报纸，主要用于及时宣传党的方针政策，反映和解决工人思想和生活上的一些问题，并为工人提供表达意见的平台，也为军管会了解和掌握职工思想动态提供一个渠道。

《职工小报》创办之初，工作异常繁重。因白天要找工人谈心、家访，所以，写稿、刻蜡版等工作只能留到晚上做。为使报纸内容贴近职工群众思想，必须把稿件文字写得简单易懂。贺敬之主动承担了政策性强的稿件的写作工作，如接管政策、重要评论，写好后交给张履谦；张履谦负责写接管动态、党的性质介绍、职工生活、家访、职工思想等方面的文章，还要负责刻板、印刷、分发等工作。为了小报，张履谦没日没夜地忙碌，一天工作10多个小时，为此，他在口袋里准备了一包花生米，实在饿了就掏出几粒吃。很快,《职工小报》在工人中传开了，成为许多职工耳熟能详的读物。

为使《职工小报》内容更加贴近工人生活，张履谦绞尽脑汁，为小板画插图；为反映工人心声，他反复与工人推心置腹，促膝谈心；为把党的思想有效地传达到工人中去，他认真学习文件，反复斟酌词句，力求写出工人能看得懂、喜欢看的文章。几个月之后，石景山钢铁厂的情况与刚解放相比，有了很大改观，工人的政治觉悟提高了，对党的认识、了解加深了，恢复生产的态度更加积极了，干起工作来也更有效率了。

张履谦接管石景山钢铁厂的工作成绩，得到了北京市领导的肯定。北京市委书记彭真到石景山钢铁厂视察工作时，张履谦向他汇报了接管前后职工的思想变化和自己的工作体会。彭真对张履谦所做的创造性的宣传工作非常满意，在得知他只是清华大学的一名三年级学生时，便把他叫到会议室谈话。

谈话快结束时，彭真语重心长地对他说，党的任务是领导人民建设新中国，你在清华大学还没有修完学业，过一段时间还是回去先把书念完吧，新中国建设需要你们这样有知识的人才，毕业后再出来工作。

随着石景山钢铁厂接管工作告一段落，张履谦向组织递交了返校学习申请，得到了石景山钢铁厂党委书记于寿康的批准。不久，张履谦回到了清华校园，重新开始了专业知识学习，于 1951 年完成大学课程顺利毕业。

张履谦（二排右四）与石景山钢铁厂职工合影

张履谦

张履谦院士**传记**

Academician Zhang Luqian's Biography

第三章

电子对抗 担当先锋

朝鲜战场，对抗美军电磁干扰；福建前线，侦察蒋军雷达盲区。张履谦初出茅庐，勇挑重担，担当起开创我国电子对抗研究的先锋。

1. 参军入伍　开启雷达人生

按照彭真的指示，张履谦从石景山钢铁厂回到清华校园继续学习，顺利完成了自己的学业。

1951 年夏，张履谦从清华大学毕业，他和几个同学被分配到军委通信部，这对他又是一个新的开始。从校园学习步入社会工作，张履谦面对的是机遇、挑战和新的未来。

当时，大学毕业生就业工作，实行的是分配制，无论分配到哪一个单位，工资待遇都一样。不少青年强调工作分配要符合个人专业和兴趣，不愿意放弃自己所学的知识而去从事陌生的工作，不愿意到军队和艰苦的地方去。因此，

1951年，张履谦进入军委通信部的第一个工作证

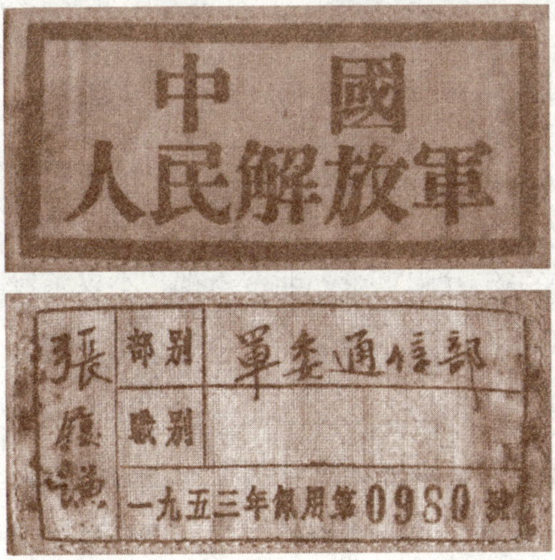

张履谦在军委通信部佩戴的军人胸章

是否服从国家分配，是大学毕业生面临的考验，也表现出一个青年的品质素养。面对参军，张履谦早在1950年朝鲜战争爆发时，就主动报名请求参加中国人民志愿军，表现出一个共产党员听从党召唤的觉悟。面对兴趣和工作，张履谦有自己的认识，他认为不能以专业不对口为借口而不服从国家的需要，他说：“个人兴趣是一回事，服从工作需要又是一回事，只有把个人兴趣跟党的事业真正结合起来，才是正确的。所谓对口，应当是自己积极、主动地去对国家的口，而不是要国家对自己的口。何况在学校所学的只是一些基础知识，还谈不上在哪一方面有什么专长，上大学学习吃的是农民种的粮食，如果过分强调专业对口，就是太不自量，对自己估计过高了。”

1951年8月1日，是张履谦到军委通信部报到的第一天。总政治部肖华副主任派人把张履谦等几个青年学生接来，并宣布他们光荣地加入了中国人民解放军。总参谋部军委通信部王诤部长和刘寅副部长得知有大学生分配过来，非常重视，不仅亲自在办公室接见他们，还在通信部的小灶食堂，请张履谦他们吃饭，以示欢迎。

新中国成立后，中国共产党的工作重心由消灭国民党反动派变成了领导建设新中国，进步的知识分子成为当时的稀缺资源。清华大学的五年时光，改变了张履谦，这时候的他，不仅仅是一名大学毕业生，还是一名共产党员。这使他格外受到重视。

张履谦被分配到军委通信部工程师室工作，与他一同参军的几位同学被分配到军委通信部的通信工程学院当教员，培养部队通信工程技术人员。当时工程师室的总工程师是我党老一代革命家、党的理论家陆定一的弟弟陆亘一，室其他人员主要由两部分人构成，一部分人搞通信，另一部分人搞雷达。张履谦被分配到雷达组，任技术员。学电机工程的张履谦，毕业后被分配搞雷达工作，虽然有些基础，但毕竟雷达是当时的高新技术，与所学课程相差甚远。对张履谦而言，这是入伍后的第一次考验，但他并不畏惧，他相信自己通过学习，完全可以掌握新知识，"只要工作需要，党叫我干什么，就干什么，而且要干好"。

雷达的概念形成于20世纪初。雷达是英文RADAR的音译，为Radio Detection And Ranging的缩写，意为用无线电探测和测距的电子设备。各种雷达的具体用途和结构不尽相同，但基本原理是一致的，包括天线、发射机、接收机、定时器、显示器，还有电源设备、数据录取设备、抗干扰设备等辅助设备。雷达的作用类似于人的眼睛，它的信息载体是无线电波。

雷达的工作原理是发射机通过天线向空中某个方向发射电磁波能量，处在此方向上的物体反射碰到的电磁波；雷达天线接收此反射波，送至接收设备进行处理，提取有关该物体的某些信息，获取目标物体至雷达的距离、速度、方位、高度等信息。

雷达在国外军事领域已得到广泛应用，但在我国几乎还是空白。新中国成立初期，雷达设施很少。华北防空司令部有几部地面警戒雷达，布置在渤海湾一带；空军司令部有几部空军指挥雷达，布置在各个机场；海军也有一些雷达，安装在港口。全军加起来总共只有几十部雷达。

当时，懂雷达搞雷达的人少而又少。最初，军委通信部雷达处只有张履谦一个搞雷达的技术人员，但很快得到了扩充。扩充后，张履谦担任雷达组组长。面对陌生的领域，张履谦和大家一道共同学习雷达原理，一起将外文版《雷达基础》翻译成中文，供同行学习。尽管当时交通不便，雷达部队驻地在唐山和天津，张履谦仍亲自到雷达部队，了解雷达的工作状况，在雷达荧光屏上看飞机呈现的波形，以尽快熟悉和掌握第一手资料。

1951 年对张履谦来说，是一个幸运之年，也是一个新纪元之年。张履谦第一次真正步入工作岗位，第一次穿上军装，第一次接触雷达，第一次奔赴前线……

2. 朝鲜战场　对抗电磁干扰

1950 年 6 月 25 日，朝鲜内战爆发。9 月 15 日，美国打着联合国军的旗号，入侵朝鲜，武装干涉朝鲜内政。在仁川登陆后，越过北纬 38 度线继续北犯，侵占平壤，战火迅速燃烧到中朝边境鸭绿江边。唇亡齿寒，中国安全受到严重威胁。10 月 25 日，应朝鲜请求，中国人民志愿军入朝参战，保家卫国。

1951 年，抗美援朝战争处于相持阶段。为了切断我国抗美援朝的运输补给，美国 B － 29 轰炸机对鸭绿江两岸进行狂轰滥炸，并施放电磁波干扰，使我军警戒雷达不能发现目标，指挥雷达不能引导空军起飞作战，也不能引导空中飞机着陆。在这种紧急形势下，我作战前方要求后方火速采取对策，排除敌方干扰。张履谦作为军委通信部雷达处的技术员，担负起参军后的第一次战斗任务。

军委通信部王诤部长亲自率领陆亘一和张履谦两人，火速赶往中朝边境。火车抵达安东（现在的辽宁丹东）后，他们立即前往中朝边境的防空部队和中朝联合空军部队了解情况。到达防空部队雷达站的当天晚上，王诤部长亲自坐守雷达站阵地，看到雷达受干扰的情况后，严肃地对张履谦说，“不解决这个问题绝不回去”。这是决心，也是命令！对张履谦的第一场实战考验开始了。

张履谦留在前线，在简易的雷达站里，第一次接触实战的雷达设备，看说明书，请教雷达技师。经过通宵研究，张履谦终于摸清了雷达结构和原理。

敌方飞机非常狡猾，常常选择在夜里 12 点起飞，凌晨一二点飞到鸭绿江大桥进行轰炸。敌方打开干扰机，造成我军雷达荧光屏噪声一片，敌机就隐藏在噪声中，我方却什么也看不见。张履谦要求战士把敌方干扰特征记录下来，然

狂轰滥炸我国边境的美国 B－29 轰炸机

我军布置在中朝边境的防空雷达

后转动雷达频率度盘，观察噪声和信号强度是否有变化。

张履谦在雷达站一呆就是10多天，和雷达技师一道，观察分析电磁波干扰现象。大家一起商量，想办法。等敌机第二次来临时，张履谦就将商量好的对策应用于抗干扰试验，并将最大干扰方向上报指挥所，以便指挥所根据其他雷达受干扰方向，测出干扰飞机所在位置。

张履谦等人在我防空部队和中朝空军联合司令部的几个雷达站调查研究一段时间后，与雷达操作员共同试验，成功研究出几种抗干扰措施：快速改变频率，使用扩展频段，加装瞬时自动增益控制电路，多站联合定位干扰源。

为了快速改变雷达工作频率，需要改装雷达和一些无线电器材，但战场上无法找到任何无线电器材。张履谦看到机房窗台上摆着几个空的食用罐头盒，便因陋就简，将罐头盒剪成半圆形做成“电容器”，用麻绳和拉杆把这些“电容器”连接起来同步转动，作战时通过改变它们的相对位置，来达到快速改变频率的目的。张履谦将此方案向上级汇报，立刻得到前线司令部的批准。

行了！雷达改装好的当天晚上12点，美国B-29飞机像往常一样自日本起飞，不久便打开了干扰机。我雷达站操作员立即启动快速改变频率装置。

“茅草没有了！”机房操作手脱口而出，显示器上的干扰噪声消失了，防空雷达抗干扰取得了成功。雷达技师们无不佩服地对张履谦说：“小罐头盒解决了抗干扰大问题！”雷达连连长接着补充一句：“我们的八路军，当年就是用小米加步枪打败了有飞机大炮的日本鬼子。”张履谦在清华大学学习的电磁理论，第一次用到了工程实践中。

为了让上述应对干扰的方法得到进一步普及和提升，张履谦在完成任务回到通信部后，总结研究出一个变单个手动为联动的快速跳频装置，即雷达作抗干扰度盘调整时，让主度盘转动，带动其他几个副度盘一起转。这种多度盘同步转动系统，不仅节省了调谐时间，还提高了操作的准确度和成功率。

这套抗干扰装置随后交给前方防空部队和空军部队使用，取得了很好的抗干扰效果。美军飞机自日本起飞，越过三八线，飞到中朝边境准备实施轰炸。令他们意外的是，他们的电磁波干扰失灵了，我军的防空雷达可以很快发现它，并引导我军战鹰升空，与敌机展开空中格斗。

张履谦采用的快速跳频抗干扰措施，时隔60多年直至现在，依然是各种雷达最有效的抗干扰手段，不同的是，现在使用的器件精密了，工艺先进了，但其设计思路并没有改变。为了表扬张履谦在朝鲜战场上作出的贡献，军委通信部在当年年终总结时，给予他荣立三等功的表彰。

边干边学，理论与实践相结合，是张履谦在技术上快速成长的一个重要因素。参加工作伊始，组织上交给他解决雷达抗干扰的任务，使原本对雷达专业很陌生的他面临着巨大的压力和挑战。张履谦反复学习毛泽东主席的指示：我们不熟悉的东西正在强迫我们去做。这就是困难，我们必须学会自己不懂的东西。带着工作中迫切需要解决的问题，他查阅了各种文献资料，并最终圆满完成任务。张履谦说：“只有跟工作结合起来，学习才有丰富的内容，才有强大的动力，才能钻得深、学得透、记得牢、提高得快。如果学习脱离了工作，就失

2004年，张履谦在板门店与朝鲜人民军战士合影

去了意义，学习就没有动力，效果也就不会好。”

3. 总结经验　保卫首都安全

抗美援朝战争中的雷达抗干扰问题得到解决后，张履谦从前线回到北京，军委通信部王诤部长高兴地对他说：“小伙子，你来牵个头，全军的雷达交给你管了。”

张履谦把在抗美援朝战场上雷达抗干扰的工作经验整理成文，总结出四条措施：改变雷达工作频率；调整接收机增益；改变本振工作状态；运用两部以上雷达在最强干扰方向对敌机进行几何定位。这些后人看来似乎很简单的措施，在当时却发挥了积极有效的作用。军委通信部将这四条措施规定为雷达部队抗干扰操作规范，颁发给全军雷达部队执行，成为了我军最早的电子对抗军事条例。

王诤指示：要管好全军雷达，首先要把雷达抗干扰问题解决，历来的战争说明，敌人是不甘心失败的，我们要把北京地区的防空雷达抗干扰工作做好，保卫首都空中安全，雷达的干扰与抗干扰将是长期的工作。

随后，王诤给中央军委写了一份申请报告，请求在军委通信部建立全军雷达干扰与抗干扰小组，并得到了批准。

1953年年初，张履谦所在的雷达处雷达组（代号“一组”），改名为雷达干扰与抗干扰组，这是我军第一个电子对抗组织，张履谦任组长，组员有李波和陈业勉。之后，又有一批南京雷达专科学校毕业的学员俞德生、任德骥、宋旦华、徐月泉，以及大学毕业生黄谋忠、李信谦、展兴豫，分配到组里工作。

张履谦牢牢记住自己的任务：要保卫首都北京，搞好雷达抗干扰是首要任务，雷达抗干扰是长期的工作……张履谦和组内几个小伙子商量，要完成保卫首都的任务，第一必须研制抗干扰训练器材，对华北军区的雷达部队进行抗干扰训练；第二要自行研究雷达抗干扰措施，多准备几种抗干扰手段。

此时，雷达干扰与抗干扰组又面临研究器材设备严重短缺的困难，没有器材仪表，雷达干扰与抗干扰研究试验无法进行。

在王诤的指示下，军委通信部为雷达干扰与抗干扰组提供了最大的工作方便，他们打开北京的通信部仓库，让张履谦他们随便挑选，只要合适，就可以办个手续领走。但仓库里只有一些灯泡、电线和插头之类的东西，最好的仪器也就是三用表，无法满足要求。几经周折，终于打听到南京军区有一个大仓库，收集了国民党军队逃走时留下的许多电讯器材，可能有可供研究试验工作的电子管、电阻、电容器等。张履谦和组里的工作人员立即赶往南京军区仓库寻找，意外地发现了一些不完整、不配套和破旧的干扰机和侦察接收机，还有一些信号分析仪器，虽然它们破损不全，或缺少电子管，或缺少电路板，但对张履谦他们来说，已经属于宝贵财富。他们将这些器材全都带回北京。经过修理，再配上通信机用的电子管和他们自做的电路板，这些东西终于能勉强用来做研究工作了。

张履谦带领小组的同志，携带着修复好的干扰机，来到华北防空司令部所属雷达站，指导雷达操作员在遇到干扰时怎样操纵，以及怎样在荧光屏上区别干扰与信号，发现目标。

为了使雷达部队得到实战训练，张履谦和李波共同策划，商请空军调拨一架苏式“里-2”飞机，在飞机上安装干扰机和天线，由陈业勉在飞机上操作干扰机，自首都西郊机场出发，经唐山、天津绕飞，多次对雷达部队进行训练。

为进一步研究和储备更多的雷达抗干扰手段，张履谦小组申请获得了一部防空警戒雷达，将它架设在万寿路的通信部大院内，用作验证抗干扰措施的效果。试验时，他们将干扰信号源先后放置在城区的景山和郊区的八宝山上，制造多干扰源，验证雷达的抗干扰效果。

到仓库里找陈旧破烂，使用废旧机器，自己拼焊电路，指导雷达操作手操作，张履谦等就是在这样的环境条件下，带领新同志们，创造条件，开展起新中国雷达干扰与抗干扰的研究试验工作。

4. 福建前线　侦察雷达盲区

1954年，在美国的支持下，台湾当局不断出动飞机，对我东南沿海和大陆地区进行袭击、骚扰，台海局势日趋紧张。总参谋部给雷达干扰与抗干扰组下达了一个任务，即在我空军进驻福建时，对台湾、澎湖、金门、马祖等地的雷达施放干扰，使敌方无法发现我空军飞机。这是张履谦参军后又一次接受前线战斗任务。接到任务后，张履谦经仔细琢磨，慎重考虑，向上级建议：福建沿海多山，敌方有许多雷达盲区，最好将台湾、澎湖、金门、马祖等地的雷达盲区侦察清楚，我空军可沿着对方盲区进驻福建机场，而雷达干扰是在战时出奇制胜的手段，必要时再使用，并主动要求前往福建前线完成对敌侦察任务。总参领导接受了张履谦的这一建议。于是，张履谦带领俞德生、任德骥、徐月泉和宋旦华四位刚刚从雷达学校毕业的新同志，组成小分队，奔赴福建前线，对台湾地区敌人布防的雷达进行电子侦察。

张履谦率领小分队，带着自行修复和研制的雷达侦察接收机、无线电定向仪、信号分析器和汽油发电机等设备，先乘火车从北京至江西鹰潭，再转乘汽车到达福州。福州军区为他们配备了一辆军用吉普车、一名警卫。吉普车载着汽油、帐篷和衣被、口粮，前往福州鼓山、黄岐、平潭岛、厦门云顶山等地，对隔海相望的台湾、澎湖、金门、马祖等岛上的雷达进行电子侦察。

张履谦率领小分队到达的第一站是福州鼓山，在这里侦察了两个星期。他们在山顶架起侦察天线，发动汽油发电机，打开侦察接收机，果然发现了来自大海方向的许多雷达信号，这些雷达信号的波长长短不一。从侦察接收机的耳机中，还能不时听到国民党空军飞行训练时飞行员和地面指挥塔台的地空对话。他们精确地记下了其信号频率、强度和方向，从对信号的分析中，得知测到的目标哪些是固定雷达，哪些是移动雷达，哪些是防空雷达、空军指挥雷达和船舶导航雷达。

第二站是马祖岛对面的黄岐半岛。在黄岐半岛上可以用肉眼看到马祖岛上的雷达，甚至还可以通过望远镜看到对面的国民党士兵在活动。张履谦拿起望远镜，发现当马祖岛的雷达天线对准我们时，俞德生处接收到的信号最大，接收机达饱和程度，任德骥记下雷达扫描周期，宋旦华记下信号强度，徐月泉记下方位度盘刻度。他们将在黄岐半岛上侦察到的雷达信号和在鼓山测得的数据进行比较，并相互验证。

1954年，张履谦带领小分队在福州鼓山执行电子侦察任务（左起：徐月泉、宋旦华、任德骥、张履谦）

第三站是平潭岛。张履谦率小分队出海侦察。他们坐着机帆船，带着侦察设备和汽油，在夜间退潮时出海。当海面有风时张帆行驶，无风时用发动机作动力。除张履谦年纪大一些外，其他同志都只20多岁，大家均是第一次出海，毫无经验，一点儿航海安全知识也没有，只是听了船夫的一番嘱咐，便凭着一股热情出海工作。解放初期，福建沿海一带常有“海鬼”出现，他们是国民党特务，经常开枪射击我方船只，船上的汽油桶如果中弹，就会发生燃烧，致使船毁人亡。就是在这样的危险环境下，张履谦不顾个人安危，依然带着小分队，开展对敌电子侦察任务。

在平潭岛侦察的雷达信号极为复杂，有的来自台湾，有的来自澎湖和金门，更多的是来自海上，信号时有时无，时大时小，他们都认真分析判断，并一一详细记录。

第四站是距金门岛最近的厦门云顶山。张履谦一行带的雷达侦察接收机、无线电定向仪、信号分析器、发电机和汽油，每个都重二三十公斤，发电机和汽油最重。云顶山山高200多米，没有现成的路可供攀行，还有一段原始森林。他们硬是靠人力，把这些沉重的设备扛到了山顶，可以想象当时的艰辛。为了

1954年，张履谦（后排右一）带领小分队在福建平潭岛执行电子侦查任务

给小分队的同志们树立信心，张履谦扛着最重的发电机打头阵，随行的组员看到这一情景，二话不说，也扛着侦察器材和汽油紧跟上来。

当地的老百姓看到张履谦他们把上百公斤重的设备等扛到山顶，非常惊讶：这些小伙子竟能把这么重的东西扛到那么高的山上，真厉害！

第五站是围头。围头在金门岛附近，他们将在厦门云顶山上侦察的雷达信号数据与此地测得的数据，进行验证核对。

电子侦察工作进展得十分艰苦。为了测绘出台湾地区雷达布置图和盲区图，他们从一座山顶爬到另一座山顶，从一个岛屿跑到另一个岛屿，进行前沿侦察。他们在一个山头要工作几天，白天扛着仪器在山上测量，晚上支个帐篷在山上睡觉。南方的夏天，蚊虫叮咬、蛇蝎出没，这些恶劣的自然环境并没有影响张履谦等人的意志。为了完成任务，他们夜以继日地工作。天气晴朗时，为了争取时间，他们顾不上吃饭，抓紧时间工作；下雨天，则支着雨伞遮住设备，宁可淋湿衣服，也不能淋湿设备。

小分队进行了多站雷达信号侦察，记录了各站的测量数据。通过接收机输出信号电表，测出敌方雷达功率；在接收机本振度盘上，读出雷达工作频率；用无线电定向仪测出雷达天线方向；用信号分析器测出雷达发射波形，通过波形分析判断雷达类型；用耳机测出雷达天线转动和扫描周期；通过几何方法对雷达位置进行定位，再经过多个站点侦察，从侦察到的海量数据中将雷达的信号分选出来，相互计算验证，采用几何定位，得出台湾、澎湖、金门、马祖的雷达布置图。最后，利用福建省军用地形地貌图，并结合雷达电波传播特性和波束形状，绘制了敌方的雷达工作盲区图，送交给总参作战部，为我驻闽空军进驻和作战，提供了重要情报，获得了福建军区和通信兵部领导的好评。

张履谦回忆起这段时光时说："我是个刚毕业的大学生，他们四人是中专生，我们五个人加一个警卫，把台湾、澎湖、金门、马祖的雷达布置点找出来，把敌方的雷达工作盲区画出来，这件事没有人做过，我们通过摸索在实践中干了出来。”

5. 建研究室　开展电子对抗

1956年，军委通信部成立电信技术研究所（后改名电子科学研究院），雷达干扰与抗干扰组划归电信技术研究所，组成电子对抗研究室，代号十八室，张履谦任研究室主任。研究室搬进了新的研究所所址，扩大了实验室场地，并逐渐增加了成员。

张履谦根据电子对抗技术发展需要，把研究室分成五个工程组：第一组搞信号干扰，研究干扰信号源和高功率发射机；第二组搞信号接收，研究宽频带和高分辨率雷达接收机；第三组搞信号分析处理和记录设备，研究雷达信号特征、信号处理及存储记录；第四组搞雷达抗干扰，研究雷达抗干扰策略和措施，以及外场试验；第五组进行通信的干扰与抗干扰研究。张履谦亲自参加了雷达抗干扰技术研究工作。

张履谦在担任军委通信部雷达干扰与抗干扰组组长和十八室主任期间，组织和指导研究人员，将残破不全的设备进行整接，修复了P、L、S、C、X等频段的雷达侦察接收机、信号分析器及微波定向仪，共计30余台套。十八室科研人员自行设计研制了我国第一台高功率微波干扰机，功率达10瓦；成功研制出多种雷达接收机用瞬时、延时自动增益控制电路；采用水银延迟线，最早在我国成功实现了对地杂波抑制的匹配滤波器。通信干扰与抗干扰组还请了一位名叫乌·瓦干诺夫的苏联专家，他和张履谦同在一个办公室办公，共同指导研制对各种通信进行干扰的信号源，以及先进通信体制的有效抗干扰措施。

在张履谦的领导下，十八室的工作得到了迅速发展。不到一年时间，十八室的研究人员从十几个人扩展到近 30 人。著名电子学家、获德国博士学位的黄足，著名导弹武器总设计师李一鸣，电子学专家何午山、周炎、黄谋忠、李信谦、刘锦堂，电子对抗专家俞德生，雷达专家任德骥、何武城等，都先后在十八室进行过电子对抗课题研究，他们日后都成为了雷达和电子对抗技术领域的学术带头人或研究所的后任领导。

十八室研制出部队训练的电子对抗成套设备，以及多种雷达抗干扰电路，培养了大批技术骨干，为电子对抗技术进步、促进雷达技术发展、培养专业人才，起到了巨大的推动作用，为我国电子对抗事业奠定了技术基础。今天，我国电子对抗技术从地面、空中，发展到海洋和太空，从军委通信部雷达干扰与抗干

1956年，张履谦（前排左一）和电信技术研究所十八室的同志们合影

扰组的几个人，发展到有专门的研究所和生产工厂，都与张履谦领导的干扰与抗干扰组和十八室的先期工作分不开。

6. 参与编制　科技发展规划

新中国成立后，随着经济的逐渐恢复和发展，国家设想在第二、第三个五年计划内开展更大规模的经济建设，制定了宏伟的目标。1956 年，在周恩来总理的领导下，国务院成立了科学规划委员会，调集全国几百名各种门类和学科的科学家参加规划编制工作，还邀请了 16 名苏联各学科著名科学家来华，帮助我国了解世界科学技术发展水平和发展趋势，制定我国第一个科技发展规划——《1956—1967 年科学技术发展远景规划纲要》。

作为雷达和电子对抗领域的技术带头人，张履谦参加了这一远景规划相关章节的编制工作。张履谦介绍了外军雷达与电子对抗情况，提出了我国应发展雷达干扰、抗干扰等电子对抗技术，根据我军任务需求提出了发展思路，并应建立相应的研究、生产机构，有计划、有目标地攻破电子对抗诸多技术关键，造就一支强大的科学技术人才队伍，建立必要的科研、生产保障设施与试验基地。这项规划得到了国务院批准。从此，我军电子对抗工作，纳入了国家发展规划。

张履谦见证了我国雷达技术和电子对抗事业的发展过程。他最早在抗美援朝战争中搞雷达抗干扰工作，是我军第一个雷达干扰与抗干扰组组长，组建了十八室，把电子对抗写进我国长期科技发展规划纲要。有人把张履谦称为我国电子对抗工作的开创者或奠基人，而张履谦则谦虚地表示，“我只是比别人开展雷达与电子对抗工作早一些，带了一帮人，引了一条路，搞了一个开头，做了一些实事”。

张履谦

张履谦院士传记

Academician Zhang Luqian's Biography

第四章

加盟航天　攻关雷达

张履谦苦读《雷达丛书》，开展导弹系统雷达制导站的研究，先后取得多个型号的成功，被树为国防科技战线的标兵。

1. 走进五院　投身航天事业

新中国成立伊始，百废待兴。共和国的开国领袖们精心谋划国家未来建设的宏伟蓝图。在经受了付出极大代价的抗美援朝战争和饱尝西方敌对国家挥舞核大棒的威胁、讹诈后，新中国的领袖们深切地认识到，对付强权政治必须依靠强大的军事实力，不掌握现代化的武器，国家和人民的腰杆永远直不起来。作为一个幅员辽阔、人口众多的大国，只有掌握尖端武器，具备核反击能力，才能真正维护主权，屹立于世界之林。基于这种认识，在建国初期国家经济十分困难、工业基础十分薄弱、科技水平十分低下的情况下，党中央仍然作出了发展尖端武器的决定。毛泽东说，“原子弹就是那么大的东西，没有那个东西，人家说你不算数”，“这是决定命运的！”

1956年10月8日，由著名科学家钱学森领衔的中国第一个导弹研究机构——国防部第五研究院成立。这是站起来的中国人民面对强大的西方敌对势力，为了民族尊严，为了国家主权，为了那受人欺辱的日子一去不复返而抗争的公开宣言，也是新中国为了维护国家长治久安所选择的一条新路。

来自全国各地的精英汇聚到了国防部第五研究院。著名科学家钱学森担任院长，任新民、屠守锷、梁守槃、庄逢甘、李乃暨、梁思礼等人担任负责人，初步建立起了导弹总体、空气动力、发动机、弹体结构、推进剂、控制系统等10个研究室，以仿制苏式P-2导弹的大练兵为开端，拉开了中国人研制尖端武器的大幕。

一年后，国防部第五研究院任务剧增、队伍扩大，新成立了以导弹总体和发动机设计为主要任务的一分院和以研制导弹控制系统为主要任务的二分院。

1957年秋，根据中央军委的决定，军委通信部电信技术研究所的一批骨干力量，包括31岁的张履谦被调到刚成立的国防部第五研究院二分院，从此开始了献身我国航天事业的生涯。

二分院成立后，没有自己的办公场所，用的是位于北京西郊永定路地区的解放军后勤部财务学校的教室。科研人员以电信技术研究所调来的一批人为骨干，还有一批刚从大学和中专毕业的学生，有些人大学还未毕业，就被“拔青苗”调入研究院，还有些人是部队转业来的干部和士兵。没有图书馆，没有加工厂，没有试验场地，一切都是白手起家，从零开始。

2. 百折不挠　仿制地地“导弹”

张履谦调到二分院后，被分派到雷达研究室担任副主任。他和冯世章主任一道，带领几个年轻技术人员和部队转业的雷达士兵，开展远程飞航导弹（现称为老“红旗一号”）制导雷达的研制任务。

远程飞航导弹制导雷达的作用距离为400千米，技术指标要求很高，测距、测角精度要比在抗美援朝战争中使用的防空警戒雷达和空军指挥雷达高几个数量级。鉴于当时的紧迫形势，研制进度要求很急。

张履谦根据雷达方程计算远距离的目标跟踪雷达，脉冲发射功率达兆瓦级，建议采用当时从苏联引进的测高雷达发射机，自行研制大型抛物面天线，利用缴获的炮瞄雷达接收机和伺服系统，再配上显示器和电源，尽快搞出飞航导弹的远距离制导雷达。这一方案设想，立刻得到周维副院长的支持。于是，研究室的同志一齐动手，在只有几张课桌的研究室，描绘图纸，采购器材，开始了热火朝天的科研工作。

此时传来了中国与苏联签订《国防新科技协定》的消息。根据协定，苏联将向我国提供近程地地导弹（仿制代号“1059”）、地空导弹（仿制代号“543”）、海防导弹（仿制代号“542”）等导弹型号的研制援助。

1957年12月，苏联的P-2导弹（国内代号为“1059”）样品运抵中国，国防部第五研究院领导决定尽快开展该产品的仿制工作。张履谦停止了老“红旗一号”的研制试验工作，全力投入到“1059”导弹仿制之中，负责无线电横偏校正系统的仿制工作。

无线电横偏校正系统是控制导弹飞行和命中目标的控制设备，由弹上和地面两个部分组成。地面部分实际上是一部超短波双波瓣定位的跟踪测量雷达，雷达发射两个方位交叉的波束，以等强度定位的方法，确定目标位置。如果导弹的轨迹偏离射向，它可以去修正，以达到精确命中目标的目的。

“1059”导弹样品到了，但图纸未到。为了抢时间，领导决定自行参照实物测绘仿制。于是，张履谦等人对无线电横偏校正系统实物进行测绘，制作蓝图，进行反设计。测绘图纸完成后，苏联图纸才姗姗来迟，设计人员比对着修改图纸，下厂加工，争取了研制时间。

“1059”导弹仿制得到了党和国家领导人的亲切关怀，全国各行各业也给予了大力支持。只要仿制导弹需要，全国各地要人给人，要设备给设备，要材料给材料，使导弹仿制速度得到保证。

在“1059”导弹仿制工作中，张履谦带领研究室的同志突击无线电横偏校正系统波瓣比对电路这一关键技术。当时，研究室的基础条件很差，只有几张三屉桌和一块电源接线板，参加此项课题的成员，有的刚出校门，有的连课题的技术原理还没有搞清楚。看到研究室的同志缺乏信心，张履谦便不厌其烦地给大家讲解这项课题的意义及作用，介绍目前国内外有关的研究情况，分析电路原理、电路特点和要求，指出工作的有利条件，鼓励大家在战略上要藐视困难，在战术上要重视困难，使研究室的同志们精神振奋、干劲倍增。

经过一个月的辛勤劳动，准备工作初步就绪。大家满以为再有一个季度就可以完成无线电横偏校正系统的攻关任务，却在三个月之后，仍有信号比较电路工作不稳定，没有取得理想的试验结果，其中一个电真空元件，一夜之间就做了40多处电路修改，还看不出效果。为此，有些同志产生了急躁情绪，信心也有些动摇。

为了鼓舞士气，张履谦一面进行技术分析，寻找解决办法，一面给大家讲科学试验不会一帆风顺的故事。他告诉大家，杀虫的“六六六”粉经过了600多次试验，常用的红药水也经过了220次试验才获得成功，以此鼓励大家百折不挠，再接再厉。他还平和地安慰大家：“别忙，不要急，一步一步来。”事后，有些同志回忆说：“我看张主任那样沉着、和气，我的心也定了。如果他急躁起来，发了脾气，我们不知会乱成什么样子呢！”

在张履谦的带领下，经过200多次试验，比较电路工作不稳定的关键技术获得了突破。中国航天人不信邪，大家挽起袖子，苦干加巧干，自行研制各种专用仪器设备和代用材料，终于制造出可以替代苏式设备的导弹控制仪器。

不久，中苏关系破裂，苏联政府执行《国防新技术协定》的态度变得消极起来，他们故意拖延，给“1059”导弹研制设置种种障碍，直至撤走来华援助的所有专家，带走设计资料和图纸，留下一个半拉子工程，原定的1959年10月建国10周年之际完成首次飞行试验的目标未能实现。

面对重重困难，毛主席坚定地表示：“敌人有的，我们要有；敌人没有的，我们也要有，原子弹要有，氢弹也要快。管他什么国，管他什么弹，原子弹、氢弹我们都要超过。”在随后的一次会议上，聂荣臻元帅愤怒地用拳头擂着桌子说：“逼上梁山，自己干吧！靠别人靠不住，以后就靠在座的大家了。党中央寄希望于我们自己的专家。”

张履谦参加了这次会议。他一回来就把工程组组长召集到一起，激动地说：“帝国主义欺负我们，修正主义也欺负我们。他们可以从技术资料上、物质上封锁我们，但是我们的革命意志和智慧是封锁不住的。我们一定要自力更生、发愤图强，早日拿出成果来。”

1960年11月5日，在苏联专家撤离中国后的第85天，一枚使用国产材料、中国人自己制造的“1059”导弹像一把利剑，竖立在甘肃酒泉导弹发射场的发射台上，傲然挺立，直指蓝天。

随着现场发射指挥员下达的点火命令，伴随着惊天动地的一声轰鸣，“1059”导弹拔地而起。几秒钟后，垂直上升的导弹开始按程序转弯，向590千米外的远方飞去，准确命中目标。当晚，主管国防科技工业的聂荣臻元帅举起酒杯，向所有的航天创业者们致敬：“在祖国的地平线上，飞起了我国自己制造的第一枚导弹，这是我军装备史上一个重要的转折点！”

继此发射成功后，“1059”导弹又于同年12月进行了两次发射试验，均获得成功，达到了设计规定的战术技术指标。1964年3月，“1059”改名为“东风一号”。

3.白手起家　设计制导雷达

1958年，国防部第五研究院二分院组织队伍成立二支队，开展仿制“543”地空导弹的工作。工程巨大，设备复杂，分导弹、制导雷达站、地面设备等多个系统。不久，制导雷达站又成立了三支队，专门进行雷达研究设计工作。三支队又叫第三设计部，即制导雷达研究设计部工作。张履谦调任三支队34分队（雷达收、发设备研究室）主任，负责制导雷达站发射机和接收机系统的仿制工作。20世纪60年代初，张履谦又调任三支队一室（雷达总体设计室）主任，主管制导雷达站总体设计和外场试验

1962年2月，国防部第五研究院科学技术委员会成立合影（二排右六为张履谦）

等工作。1962 年，张履谦被任命为三支队副主任，兼制导雷达站主任设计师。

“543”导弹攻击目标采用指令制导体制进行控制，制导雷达站不间断测量被攻击目标相关参数和导弹飞行中的空中坐标，再根据目标和导弹相对位置不断修正导弹飞行轨迹，引导导弹对目标实施打击。

制导雷达站的设计很先进和精致。它采用微波工作频率，发射高功率电磁波，用窄波束天线以机电扫描的方式搜索和跟踪目标，边扫描、边跟踪，可同时跟踪多个目标和导弹。制导雷达站设有模拟计算机系统，对目标和导弹轨迹进行计算，找出偏差，根据不同目标的航迹和速度等参数，设置引导规律，通过制导雷达站的指令发射机控制导弹飞行。当导弹接近目标时，无线电引信实时起爆，战斗部产生多块破片，毁伤目标，命中率高，3 发导弹对目标的命中概率为 90%，在实际试验中几乎都是 100%。

制导雷达站的电子设备，装在四个工作车上：收发车简称 FA 车，内有微波收发设备，车顶安有天线；控制车简称 Z 车，内有电子管式模拟计算机；显示车简称 X 车，内有显示器和全站操作控制台；指令车简称 M 车，内有无线电指令控制发射机。“543” 导弹制导雷达站的仿制工作，由三支队担任总设计师职责，四个工作车分别安排在第四机械工业部（后改名电子工业部）所属西安 786 厂、太原 549 厂、北京广播器材厂、成都 784 厂进行生产。仿制 “543” 导弹，是在苏联撤走专家、一穷二白、三年连续自然灾害的环境条件下完成的，历时 7 个年头，张履谦经历了制导雷达站设计、下厂生产、总体调试、飞行试验、设计定型整个研制过程。

搞尖端技术产品，当时我国科研人员缺乏经验，上级领导号召要“仿制‘543’，吃透‘543’”。张履谦知道，要想仿制出不走样、能打仗的雷达，必须搞好“反设计”工作，消化苏联的原设计思想，把技术吃透；要想快速生产出高质量的产品，必须设计正确的图纸，依照图纸加工，控制和保证加工质量；要想攻克技术关键，必须脚踏实地，克服困难，进行大量的科研试验。

然而，在他的研究室近 40 人中，除少数几个人外，全是新同志，大学生、中技生、大学没有毕业就被“拔青苗”的学生。这些学生初出校门，没有做过设计工作。张履谦虽有工作经历，但也不到 10 年工龄。

当时正值我国三年自然灾害时期，生活条件异常艰苦。许多新来的大学生没有房子住，只能睡在帐篷里。实验条件一穷二白，实验室里的实验桌用的是学校课桌和板凳，工具只有电烙铁和改锥，一个三用表主打实验室天下，最珍贵的仪器是 UO-4 示波器，但波形显示不很稳定。试验所需的微波信号源、频谱仪等基本仪器全都不具备。由于国家工业基础薄弱，雷达研制所需的高频发射管、高压整流管、高频电缆、开关、继电器等元器件和基础原材料都没有，需要自行研制；雷达研制原执行的是苏联技术标准，中苏两国技术标准不一致，相互不配套；雷达研制的一些诀窍和主要方法，我方无法获知；图纸资料短缺，我方无法得到。

在这样的艰苦条件下研制尖端武器，确实是高难度的考验。刚过而立之年的张履谦，以从不忘国耻、立志报效祖国的赤诚之心和坚强毅力，带领一支年轻的航天科研团队，迎接着这场挑战。

俗话说，巧妇难为无米之炊。张履谦却硬是带领研究室创造了“无米也成炊”的奇迹！没有仪器，他们就根据书中叙述的原理和外观自行研制，在照猫画虎的磕磕绊绊中，他们模仿书中的插图画，研制出了雷达驻波测量仪、微波波长表、波导转接器等雷达测试设备。

在这些仪器中，最复杂的就是雷达驻波测量仪，制作这一件仪器就需要100多个步骤，其中一些测量检波信号强度的器件和材料，以及制作仪表表头的材料，都不知道到哪儿去找。

“有一次，我们要制作弯形波导管，跑到工厂里去定做，结果工厂说，我们没做过，也不会做。怎么办？只好自己跑到工厂里去，告诉他们在铜管里灌沙子，用木板钉钉子作型坯，加热弯曲成形，就这样和工人一道做出了弯形波导管。”为了解决器件和材料问题，张履谦已记不得自己往西安、成都的生产厂家跑了多少回。

张履谦带上图纸跑到车间，详详细细地跟工人比划，费尽周折才将需要的零件加工出来，但有时却因这些产品远远超过允许误差的范围，只能忍痛割爱，重新再做。还有一些零件应该使用钼钢，但因当时我国没有这种原材料，只得寻找替代材料。经过张履谦等人的反复试验研究，最终选择钨钢作为钼钢的代料。类似这种超差代料的问题，不计其数。

为了确保零件准确无误地制作出来，有一段时间，张履谦频繁奔波于北京、西安、成都等地，每次出差都自己背着被子，跟同志们一起坐上几天几夜的火车或汽车。到达目的地后，对方单位通常只提供一间屋子，屋子里没有任何可以用来取暖的设施，冬天彻骨的寒冷让他们睡觉连衣服都不敢脱，经常是裹着毯子或被子和衣而睡。

在张履谦和同志们的不懈努力下，他们自行设计研制出了微波信号发生器、雷达驻波测量仪、微波转换开关、高压电表、场强计等多种仪器设备，既解决了研究工作的急需，又提高了动手能力。

没有模拟计算设备，很难设计出最优的控制系统。张履谦和室里曾留学苏联的吴佩文一道，千方百计地引进了一台很初级的模拟计算机，并在这台设备上进行制导站控制系统的仿真工作。雷达设计中的威力区估算、杀伤区范围、命中精度等大量计算工作，只能靠拉计算尺、摇手摇计算机来进行。

张履谦就这样带领大家边干边学，边干边建。研究室的同志称赞他既是做研究工作的能手，又是会教学生的好老师。张履谦自己总结说，教学生有一个带、帮、放的过程：带，就是带着干，老师做给学生看，教学生处理实际问题；帮，就是给学生安排任务，让学生自己动手干，遇到困难时，帮助学生一起解决；放，就是给学生提出要求，指点方向，交代原则，大胆放手地让学生自己干。

1961 年，张履谦带领研究室人员到雷达设备生产工厂，指导“543”制导雷达生产。到了工厂，张履谦首先解决图纸修改问题，原来的图纸是根据苏联的标准绘制的，而现在自行研制则必须依据我国的标准进行修正，必须把所需材料全部改为国家标准。为了解决制造工艺和加工超差等问题，张履谦亲自到车间与工人一起研究解决问题的方法。工厂为张履谦准备了一间办公室，他坚决不要，而是天天到车间，站在机床旁边，仔细跟踪设备制造过程，一站就是几个小时。下厂期间，张履谦审定了许多苏联专家撤走时未作交代的重大设计与工艺问题，更改了图纸原则性问题154项、一般问题400余项，协助工厂解决了关键技术难题200余个。

1962年，“543”制导雷达站的仿制工作进入生产的最后阶段。而就在这个阶段，却暴露出许多关键性技术问题，成为仿制工作继续深入的绊脚石。

首先是接收机行波管噪声过大问题。行波管放大器噪声过大，会严重影响雷达的作用距离和测量跟踪精度。出现这一情况后，张履谦冷静观察，重新分析了行波管磁场的分布和强度，计算出磁路的磁阻衰减，找出了行波管的最佳匹配位置。经过不断修改调试，最终解决了这个技术难题。

其次是天线系统误差超差问题。“543”制导雷达天线是蜗牛形结构，经测量发现其波束形状对不同频点有不同的偏差，这种偏差极大地影响着制导雷达的测量精度，将导致导弹的命中率降低。出现这个问题后，张履谦夜不能寐，他一直在思索和研究，又和我国天线专家陈敬熊一道，寻找解决问题的方案，成立了以陈敬熊为首的专家组。经过理论分析和反复修改试验，这个问题终于得到了解决，其研究成果获国家发明一等奖。

制导雷达站由收发车、控制车、显示车、指令车等组成，设备复杂，总装调试期间遇到了许多系统和单机故障，有的接口不协调，有的单机不稳定，更谈不上将系统调试到最佳状态。对此，张履谦严肃认真，一丝不苟。他耐心细致地和同事们一起逐项解决，组织各辆车的技术负责人，将车辆调整到额定状态下，统一方案，统一步骤，排除故障，寻找最优状态。他说：一个雷达站就像是一棵树，盘根错节，要想彻底找出故障，就要沿着树的枝干逐一筛选和查找，才能挖出根源。张履谦的比喻与后来由国外传入我国的先进的故障分析方法——故障树分析法不谋而合。

在多年的科研工作中，张履谦自我摸索出用一种新的迭代法去寻找故障，效率非常高，并毫无保留地将这个方法传授给大家。故障解决后，张履谦又提出采用相关参数拉偏法检验故障排除的效果，相关参数拉偏试验有利于解决设

张履谦（右一）和研究室同志们讨论雷达试验方案

备工作的稳定性问题，同时把设备性能调整到最优状态。故障排除了，各项指标合格了，“543”制导雷达站终于调试到了最佳状态，满足了进场打靶校飞的要求。

雷达制导站进场后，在总体联调中发生了漏脉冲和脉冲抖动问题，这个故障严重影响了雷达对方位角、俯仰角和距离的测量精度，其原因十分复杂，很多问题都可能导致漏脉冲和脉冲抖动。由于雷达制导站设备分散在四个车上，系统接口达百余个，电路、机箱相互交错，研制人员调试了一个多月，仍没有排除故障，使研制进度大大推迟。炎热的夏天，戈壁滩上的最高气温达到 40 摄氏度，在这样的条件下工作，效率十分低下，张履谦带领技术人员不畏酷暑，最终排除了全部故障，使整套设备得以稳定运行。

困难远不止这些。由于当时条件十分落后，技术水平有限，生产出来的设备会出现各种各样的问题。张履谦带领试验队全体参试人员，先后对包括发射机波导漏气、伺服系统漏油、下雨时车箱漏雨在内的问题，一一进行了彻底解决。

参加“543”靶场试验的单位很多，有生产厂、使用部队、试验基地和总设计师单位，难免产生不同意见：生产厂很珍惜自己的设备，不愿意作更改；使用部队和试验基地对设备性能要求很高，对超差极为重视；总设计师单位要按照使用条件把关，提出各种解决办法。有时候，大家的想法不一，意见有分歧，吵得面红耳赤，甚至拍桌子，导致试验工作难以顺利进行。而这时候，张履谦总是能根据实际情况，本着谦虚谨慎又求实认真的态度，从工作的大局出发，平和地解决各种矛盾。

在多年的下厂工作和系统调试过程中，张履谦总结出处理矛盾和搞好团队协作的六条原则：对待别人看到成绩，观察问题全面细致，分析问题追根到底，商讨问题谦虚谨慎，得出结论以理服人，处理问题实事求是。在这样的工作氛围中，大家形成了团结协作的精神，不仅使遇到的困难迎刃而解，而且还大大提高了工作效率。正是有这样一种良好的工作氛围，张履谦和他所在的研究室解决了许多仿制难题，成功地仿制出地空导弹制导雷达站。

在研制过程中，张履谦总是身先士卒，战斗在科研第一线。张履谦认为，自己还年轻，应该抓紧精力旺盛的时机，学好本领，打好基础，为党和国家多做贡献。他不知疲倦地投入到工作中。出差坐火车，张履谦也不忘带上要解决的问题和设想方案，争分夺秒地和同志们交流讨论。

1963年，“543”导弹仿制完成，同年6月，进行了模型弹飞行试验。1964年10月6日，导弹成功击落了中高空模拟目标，12月，导弹得以定型。1966年，“543”导弹经过多发实弹打靶，完成了国家定型，被命名为“红旗一号”。

4. 研究战术　击落U-2飞机

从1960年开始，根据中共中央统一部署，一批又一批科技精英隐姓埋名，云集大西北，开始着手建立中国自己的尖端武器——导弹、原子弹的试验基地。

美国急于想了解中国发展尖端武器的进展情况，派出了B-17、RB-57D、P-2V等各种低空侦察机侵入我国领空，均先后被我人民解放军空军击毁。随后，他们又利用台湾空军飞行员驾驶U-2高空侦察机，深入大陆内地侦察照相，妄图搜集大陆军事工业设施、军事部署等情报。

U-2 飞机是美国洛克希德公司为美国情报机关特制的一种机型，被国外称为“蛟龙夫人”，是一种高空间谍侦察飞机。它有两个绝技：一是飞得高，续航时间长，其实际升限可达 2.2 万米，一次能飞 8 小时，续航能力数千千米，当时我方装备的任何一种歼击机和高射炮对它都无能为力；二是谍报本领强，其装有巨型航空照相机，不仅可进行照相侦察，还具有很强的电子对抗能力。

1960 年，台湾当局从美国那里接收了 U-2 飞机，挑选飞行技术好、飞行时间长、具有空中侦察经验的人员担任飞行员，并将其命名为“第 35 气象侦察中队”。该中队实为美国情报机构控制的一个战略侦察中队，因其队徽是红色底漆加一个黑猫头，所以被称为“黑猫中队”。

从 1962 年 1 月起，“黑猫中队”开始进入大陆窜扰侦察，在半年时间里，敌 U-2 飞机对大陆的侦察飞行达 11 架次之多。U-2 飞机每次都从台湾桃园机场起飞，肆无忌惮地经福建、江西深入到陕西、甘肃、内蒙古等地，刺探我军事部署、靶场建设和尖端武器试验情报。除新疆、西藏外，其航迹几乎遍及中国大陆。

中央军委对此十分重视，指示刘亚楼、王诤、岳振华等同志尽快采取对策。当时我国能用于对付 U-2 飞机的武器只有从苏联引进的“543”导弹，军委将它布置在江西南昌向塘地区隐蔽设伏。1962 年 9 月 9 日，一架 U-2 飞机离开桃园机场，由平潭岛上空进入大陆，经福州、南平，沿鹰厦铁路上空北进。待敌机返航时，我地空导弹部队出其不意，用“543”导弹击落了 U-2 飞机。这一事件引起了国外的高度关注，在一次记者招待会上，面对外国记者接连追问“中国是如何打下 U-2 飞机的”问题时，外交部长陈毅诙谐地说：“我们是用竹竿把它捅下来的。”

U-2 飞机第一次被击落的消息传到了正在仿制“543”导弹的国防部五院二分院，地空导弹雷达总体设计室的同志们备受鼓舞，决心加快仿制“543”导弹进程，因为他们深知，敌人是不会甘心失败的，它一定会再来，一定要防它第二手。

U-2 飞机被击落后，为了对付我国地空导弹装备，美国在飞机上安装了代号为“9 系统”的电子侦察接收报警系统。该侦察接收报警系统能接收到我方雷达信号，并进行识别和报警，一旦接收和识别出“543”导弹系统的雷达站开机，敌方侦察接收报警系统便会报警，U-2 飞机立刻机动，转弯逃走。

从 1963 年 1 月至 9 月，U-2 飞机又先后 17 次深入我内地侦察，“543”导弹多次发射未能命中，敌方飞机改变航向而摆脱了我方导弹的攻击。

正在仿制“543”制导雷达的张履谦得知此信息后寝食难安，为了寻找对抗措施，他和导弹总体设计部的路平等同志共同研究，出谋献策。张履谦提出了两个方案：一是“近打、快打”的战术，二是“543”导弹系统的雷达站不开机，借用高射炮瞄准雷达或其他雷达作引导，待敌机飞近阵地时再打，使它即使改变航向也来不及逃走。张履谦在军委通信部雷达处工作时对高射炮瞄准雷达的性能有所了解，在研制老“红旗一号”时也曾用过它的跟踪系统回路。因此，张履谦认为，用高射炮瞄准雷达作引导，肯定没有问题。

所谓“近打、快打”的战术，就是U-2飞机来后，我制导雷达站不开机，作电子隐蔽，待敌机进入“543”导弹火力区后再快速开机，导弹立即发射，这样等敌方侦察接收报警系统发现被跟踪后想再改变方向逃走时，已经来不及了。

实施“近打、快打”的战术，需要根据飞机航向、航速和导弹的机动性能，及地面雷达的反应时间等诸多参数，准确计算导弹的飞行轨迹，掌握雷达的开机时间。为此，张履谦编制了专用数据图表，设计了专用计算尺，提供给指挥员临战时使用。他们只要根据飞机的距离和方位，简单查表或拉计算尺，就可以很快计算出雷达的最佳开机时间和导弹的火力区。

与此同时，中央军委有关领导和国防部五院王诤副院长也在研究对策。夏天的一个下午，王诤在他的家里召见了张履谦，与他一起研究对付U-2飞机的措施。张履谦把“近打、快打”的一些设想向王诤作了详细汇报。王诤详细询问了“543”制导雷达和高射炮瞄准雷达的工作频率、功率、作用距离和威力区，又询问了“543”导弹系统获知、跟踪和精确命中目标等细节，张履谦对此一一作了详细回答，王诤详细地做了七八页笔记，时间长达4个多小时。最后，王诤还留张履谦在家里吃了晚饭。

之后，地空导弹二营的指战员根据军委“近打、快打”的指示，开动脑筋想办法。他们苦练本领，将雷达开机后的操作程序整合、简化，并将高射炮瞄准雷达和其他雷达测量参数接入导弹制导雷达，用作引导，相互配合，以缩短“543”制导雷达的开机时间。

1963年11月，U-2飞机再次从温州进入大陆，侧飞西北。地空导弹二营指战员设伏在浙赣交界处，采用高射炮瞄准雷达作为引导。当U-2飞机离“543”制导雷达只有35千米时，我方快速启动制导雷达，在8秒钟内连续发射3发导弹，U-2飞机被我方击中爆炸，残骸坠落在地面，国民党空军少校飞行员叶常棣跳伞被擒，我方第二次打下了 U-2 飞机。如果按以往“543”制导雷达在 60 千米时开机，敌 U-2 飞机早就进行识别、报警，转向逃跑了。采用炮瞄雷达引导的“近打、快打”战术，获得了完全成功。

U-2 飞机第二次被打下来之后，敌方在飞机上安装了更加先进的代号为“12 系统”的电子侦察接收报警系统，它能更加准确地识别“543”制导雷达。二营指战员在福建漳州地区设伏，继续苦练本领，进一步压缩“543”制导雷达开机时间。1964 年 7 月 7 日，U-2 飞机再次入侵。二营官兵在目标距离 32 千米时启动雷达，3 秒内 3 发导弹联射，第三次击落了 U-2 飞机，飞机残骸坠落在漳州东南部。值得一提的是，这次是由国民党空军有“头号王牌”之称的少校飞行员李南屏驾驶飞机，他曾 12 次驾驶 U-2 飞机侦察大陆并安然逃脱，这次却机毁人亡。

击落三架 U-2 飞机，实在是令人振奋的消息，U-2 飞机此后很长时间未敢露面。针对被击落的第二架和第三架 U-2 飞机上的电子侦察系统，张履谦和同事们丝毫不敢松懈，他们一方面抓紧对我国地空导弹进行抗干扰研究，另一方面对击落缴获的“9 系统”、“12 系统”两套电子侦察系统进行详细的剖析。大家心里很清楚，敌人绝不会这样轻易放弃入侵，下一次狭路相逢，问题一定会更棘手，任务一定会更艰巨。

1964年10月16日，中国第一颗原子弹在西部地区爆炸成功，对此，美国和台湾当局都急于获取有关情报，在两个月的时间里，先后11次出动U-2飞机进入大陆侦察。

1964年11月26日，一架U-2飞机从福建连江进入大陆，经过导弹二营设伏的火力范围。等待已久的二营迅速作出反应，遵照过去的打法瞄准、发射。但奇怪的是，明明地面的制导雷达准确地抓住了目标，连发3发导弹，但敌人的飞机却从导弹旁飞过，安然无恙，毫发未伤。在战斗准备、兵器操作、各项保障工作均良好的状态下，我方发射出的3发导弹无一命中！

此后，这种怪现象持续发生。尽管我们的导弹按照雷达的制导发射，显示屏也显示命中目标，但敌人的飞机并没有被击落，仍在我国的领空穿梭，我们的“近打、快打”战术失败了。

瞄得越准，打得越偏，这是怎么回事？王诤副院长受命解决这个难题。他及时将情况告诉了为抗美援朝解决过雷达抗干扰问题的张履谦，并专门找他谈话：“研究部门的主要工作是做研究，部队是咱们研究成果的实际使用单位，我们的研究工作一定要跟部队相结合，这个问题要和部队一起解决。”

王诤在西安主持召开了有总设计师单位、使用部队、生产工厂等多方参加的会议，对“543”导弹打不下U-2飞机的问题进行专题研究。张履谦参加了这次会议。会议一开始，先由部队介绍情况。王诤指着张履谦说:“你是‘543’导弹系统的制导雷达主任设计师，你先谈谈看法。”张履谦也始终牵挂着雷达的作战情况，不断思考和分析电子对抗斗争形势，他断定U-2飞机上安装了一种欺骗式引偏干扰系统。这个系统能接收和准确判断我方雷达的发射信号，并调制了欺骗式引偏干扰信号，再以与雷达相同的载波频率转发回来。而我“543”制导雷达采用的是边扫描、边跟踪的雷达体制，利用最大回波法来定位。这个系统正是利用这一点，对我“543”制导雷达进行干扰欺骗。

在会上，张履谦详细地向大家阐述了“543”制导雷达受这种干扰的原理和自己对抗干扰的设想，并提出了最有效和最简便的对策，即只要将我制导雷达的发射信号改为由照射天线连续发射信号，敌方的引偏干扰系统就会失灵。张履谦提出的抗干扰办法，得到了大家一致的肯定，王诤站起来说:“好办法！以其人之道，还治其人之身。”

张履谦前往786厂，和工厂总工程师张钖熊一道，选定适合的照射天线，设计馈电网络和辐射喇叭，生产加工波导，改装发射和接收系统，迅速研制信号处理抗干扰装置，并为部队制定了操作细则。

1965年1月，一架U-2高空侦察机从山东海阳进入大陆，在2万米的高度、以750千米的时速，经过黄骅、大同，飞向包头。当目标进入我方导弹火力范围，设伏在包头市东南萨拉齐、负责这次攻击任务的地空导弹一营打开制导雷达发射机，立刻“抓住”了飞机，3发导弹连发，U-2飞机被击落，国民党空军少校飞行员张立义跳伞被俘。这是我空军地空导弹部队第四次击落美国U-2飞机，也是第一次在夜间击落敌机，地空导弹一营因此荣获一等功。

经过对敌机残骸分析研究，发现U-2飞机上原来装备的侦察接收报警系统经过改进，果然增加了引偏欺骗干扰功能。正是这种名为“13系统”的欺骗干

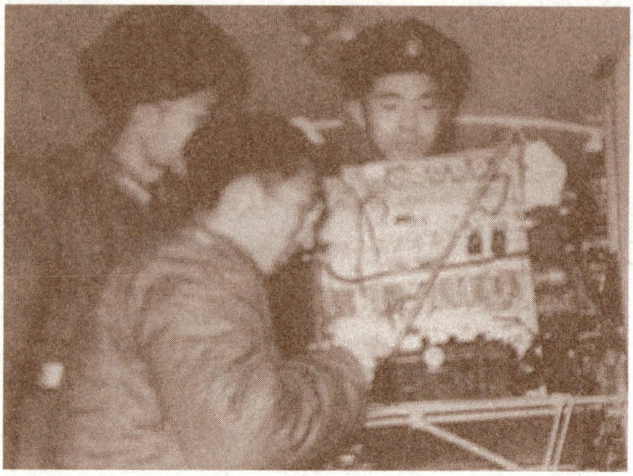

张履谦和同志们一起研究雷达抗干扰电路

1964年，张履谦在西安和786厂张钖熊总工程师（中）、魏兴业政委（右）合影

击落U-2飞机的我国地空导弹及其制导雷达站

扰系统，造成了“543”导弹“瞄得愈准、打得愈偏”的现象。改用张履谦提出的由照射天线连续发射信号的妙方，有效地解决了这一问题。

从地空导弹部队频繁传来的捷报，让导弹研制人员感到自豪。作为国产地空导弹研制队伍中的一员，张履谦与同志们在高兴的同时，所面临的任务也更加艰巨，最终让他们扫去心头阴霾的是击落第 5 架 U-2 飞机。1967 年 9 月，又一架 U-2 飞机进入浙江嘉兴地区侦察。我国地空导弹机动部队较之前已有所增加，设伏在浙江的地空导弹十四营接到上级命令，负责此次打击行动。值得一提的是，在此次行动中，我军首次使用国产地空导弹——红旗二号，加上我国自行研制的照射体制地空导弹制导雷达，有效地对抗了 U-2 飞机的回答式干扰，将第 5 架 U-2 飞机击落。

从此，敌 U-2 飞机再也不敢来大陆侵犯了。

5. 制定方案　研制“红二”雷达

1964 年 1 月，国防部第五研究院下达了在“543”导弹仿制成功的基础

被我军击落的 U-2 飞机残骸

上，研制红旗二号地空导弹的任务。

“红旗二号”的技术指标要求，主要是扩大作战空域，提高命中精度和抗干扰性能。制导雷达研究设计部发动群众，提出了几种制导雷达研制设计方案，最后集中在两个方案上：一是沿用成熟的照射体制，提高雷达接收灵敏度，增大发射功率，采取多种先进的抗干扰措施，改进跟踪系统，增加作用距离，提高测量精度。此方案是由“红旗二号”制导雷达主任设计师张履谦等同志经分析论证后提出的，名为“照射体制”。二是研制先进的单脉冲天线和接收跟踪系统，采用高重复频率体制，既可以增加雷达作用距离，又可以提高测量精度，且具有较好的抗干扰能力。此方案由设计部主任李蕴滋等同志提出和论证，名为“高重复频率体制”。

张履谦组织相关技术人员，对上述两个方案进行深入调查研究和计算分析论证。经过设计部多次大、小型会议研究讨论，认为两个方案都具有先进性和可行性，均能满足型号总体提出的技术指标要求。相比较而言，“照射体制”的技术较成熟，继承性好，可以尽快研制出来。于是，设计部组织队伍，进行照射体制的研制试验，并积极开展高重复频率体制的预研技术攻关。

一天，国防部第五研究院院长王秉璋和副院长钱学森在二院组织召开“红旗二号”雷达方案论证评审会，会场就设在三支队雷达研制现场。张履谦在会上作了两个方案的论证报告，提出进一步改进雷达制导系统，保证制导精度，扩大导弹作战空域，增加抗干扰措施，使红旗二号导弹威力比“543”导弹提高 10%，同时抗干扰能力也显著提高。张履谦建议优先研制照射体制雷达站，并对高重复频率体制雷达站进行预先研究。经过一天的讨论，照射体制方案得到了王秉璋和钱学森的肯定。钱学森说，照射体制方案经过实战考验，靠得住，有提高，可以很快出成果，是可行的。王秉璋说，照射体制方案可使导弹制导高度提高 10%，非常不容易，它打落过 U-2 飞机，又增加了新措施，可以很快研制出来。

当时雷达发射机所用微波发射管已达兆瓦级，接收机也已采用了当时处于先进水平的低噪声行波管，要想将雷达制导高度提高 10%，可以通过提高天线增益来实现，但这一手段要改动天线，伤筋动骨，研制周期太长，关键技术短期难以攻克。张履谦和技术人员经过多次讨论，认为最好从提高发射功率和接收灵敏度入手，这样可以保证进度要求。

张履谦和张通、张云龙一起研究，将两个兆瓦级的发射机同步并联运转，使微波发射功率提高一倍。张履谦又和黄文鑫研究，决定采用微波参量放大器，缩短传输波导长度，进一步降低接收机噪声，提高接收机灵敏度。同时采用照射发射和扫描接收测角、加装干扰对消设备和快速变频等措施，进一步提高抗干扰性能。这个方案是当时“红旗二号”制导雷达站的基本设计方案。

1966 年年底，“红旗二号”导弹系统经过多次战斗弹和遥测弹的飞行试验，获得了成功。1967 年 7 月，“红旗二号”研制设计定型，批量装备部队。同年 9 月，我军首次使用红旗二号地空导弹，在电子对抗的条件下，又一次击落入侵浙江嘉兴地区的敌 U-2 高空侦察飞机。

之后，我国在“红旗二号”的基础上进行改进，研制出“红旗二号甲”和“红旗二号乙”。红旗二号系列地空导弹定型后，大量装备部队，多次参加天安门国庆

张履谦（站立者）与研究室的同志们一起讨论“红旗二号”制导雷达技术攻关问题

张履谦和张云龙（右）、黄文鑫（左）在研究“红旗二号”制导雷达技术攻关问题

“红旗二号”英姿

阅兵式。从20世纪60年代直至21世纪初，它一直是我国防空部队作战的主战武器，担负着保卫祖国领空安全的神圣任务，服役时间长达40多年。

6. 结合工作　攻读《雷达丛书》

早在开展电子对抗工作初期，张履谦意识到，要搞好雷达干扰与抗干扰，不精通雷达，就不能有效地干扰它；不精通雷达，更不能解决它的抗干扰问题。正逢其时，他在图书馆里找到了刚刚出版、从香港购进的一套外文版《雷达丛书》。这套丛书由美国麻省理工学院（MIT）辐射实验室（后改称林肯实验室）编纂。麻省理工学院在第二次世界大战期间，深入研究了防空警戒、高炮瞄准、飞机射击、投弹瞄准、导航仪及信标机等技术，并将其装备美国空军。这套丛书正是麻省理工学院研究的总结性文献，全套28卷，包括《雷达系统工程》《雷达导航》《雷达信标》《罗兰导航仪》《脉冲产生器》《微波磁控管》《速调管与微波三级管》《微波电路原理》《微波发射电路》《微波波导》《微波测量技术》《微波天线理论与设计》《电波传播》《微波双工器》《晶体检波器》《微波混频器》《雷达元器件》《真空管放大》《波形产生》《电子时间测量》《电子仪表》《阴极射线管显示器》《微波接收机》《阈值信号》《伺服机构理论》《天线扫描与天线罩》《计算机械与链接》

20世纪60年代，张履谦刻苦攻读《雷达丛书》

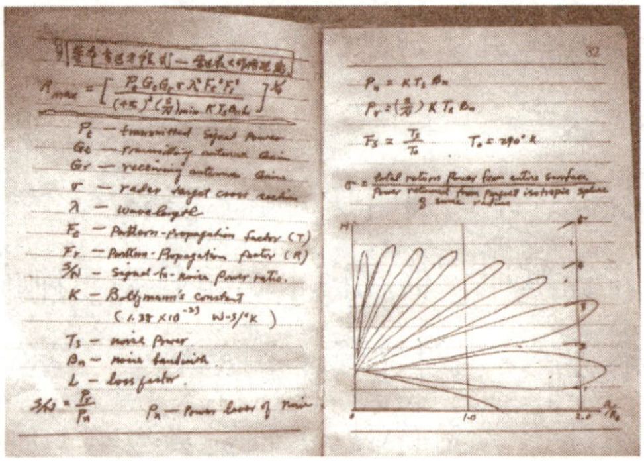

学习《雷达丛书》笔记

和《索引》，分期出版，当时只出版了《雷达系统工程》《电波传播》等少数几卷，平均每卷数百页，规模大的上千页。

张履谦看了丛书介绍，又仔细阅读了一些章节，了解到这套巨著是当前电子技术最新的前沿知识综汇，是一部经典性著作，其中既有深入的理论知识，又有系统的工程实践。张履谦深有感触的是他为抗美援朝解决抗干扰时所采用的雷达原理和抗干扰电路设计，也是在这套丛书中找到了论据，因而对这套丛书的理论指导意义和工程实践意义认识更加深刻。他想：要精通雷达，必须下苦功夫，必须立志十年寒窗，把这套丛书全部读完。自此，张履谦在工作之余和节假日，总是抱着《雷达丛书》阅读，他常常早上拿着两个馒头，夹点咸菜，跑到附近的树林里读书，一读就是一整天，深夜疲劳时用冷水浇头，精神振奋后，又继续学习。

张履谦以坚强的毅力，埋头艰苦学习，结合业务工作，反复应用实践，经

20世纪60年代，张履谦充分利用业余时间刻苦学习

过12年苦读，终于读完了《雷达丛书》这套巨著，掌握了牢固而丰富的雷达知识，为应用雷达技术、搞好电子对抗、发展航天事业，打下了坚实基础。

苏联撤走专家后，为了尽快掌握雷达知识，张履谦更加努力地攻读《雷达丛书》，并结合实际，解决工作中遇到的问题，边干边学，边学边干。在仿制"543"导弹时，要进行制导雷达总体设计和部件设计，而《雷达丛书》中就有雷达作用距离计算、电波传播原理、微波技术、核心雷达器件、收发及显示、伺服控制等理论设计和电路设计等内容，十分切合仿制工作的需要。张履谦便如饥似渴地学习，每天下班回到宿舍总要学到晚上12点以后才睡觉。同研究室的同志都以他为榜样，勤奋地学习和工作。

20世纪60年代，张履谦结合实际，每天学习至深夜

张履谦搞科研，首先是培养人才，他深知没有为航天事业效力的人才，没有懂技术的人才，是出不了成果的。他采取“做事先做人”的思维方法和传、帮、带的工作方法，培养新人。

“做事先做人”，就是做工作要先学会做人。张履谦对每一个新来的同志总是这样讲：旧中国是半殖民地半封建社会，国不富，兵不强，没有飞机、大炮，日本鬼子欺负我们；新中国成立后，美帝国主义又欺负我们，想将我们扼杀在摇篮中；今天苏联撤走专家，又在欺负我们。我们一定要遵照聂荣臻元帅的指示，响应党中央号召，争一口气，搞出我们自己的导弹制导雷达站。聂荣臻元帅在我国三年自然灾害困难时期，组织部队人员到内蒙古草原打黄羊，送给科技人员以补充营养，还从东北调来一批黄豆，做豆腐加餐，我们要体会党对我们殷切期望和领导对我们的关心，高出我们的争气制导雷达站。

毛主席在《纪念白求恩大夫》一文中说，要做“一个高尚的人，一个纯粹的人，一个有道德的人，一个脱离了低级趣味的人，一个有益于人民的人”。张履谦要求自己也做一个这样的人，他在工作中率先垂范，在科研第一线和同志们一起研制，一起流汗。

7. 又红又专　国防科技标兵

张履谦不仅自己苦读书，还给研究室的同志讲解雷达原理，从什么是雷达开始，到什么是定向跟踪天线、磁控管、放大器、变频器，信号怎么接收、怎么放大、怎么变频……一点一滴，联系实际，再逐步引向深入。

为了搞好“543”导弹的反设计工作，北京云岗地区试验场运来一套雷达站实物，供总体和各个分系统短期学习和观摩。从永定路到云岗，没有直达的公交车，只有敞篷卡车作为交通工具，行车需一个小时左右。那时正值寒冬腊月，为了尽快研制出自己的雷达站，张履谦带领研究室的同志们，经常冒着风雪去

1959年，张履谦和同志们冒着风雪奔赴雷达试验场

试验场学习和测绘。在张履谦的带动下，全体同志热情高涨，工作效率和工作水平得到了整体提高。

聂荣臻元帅对从事国防科研工作的同志，提出了要发扬严格、严肃、严密的“三严作风”的号召，张履谦认真地在工作中予以贯彻。除了给同志们补习雷达理论知识外，他还为技术人员讲基本功，并总结出了10条必须掌握的基本功，亲自演示和训练。这10条基本功是：计算、绘图、接线、摆置、焊接、调试、读表、计量、校准、修理。具体说来，计算——理论误差的工程计算方法；绘图——符合加工生产要求的蓝图绘制；接线——互相匹配的试验设备连接；摆置——电磁兼容的仪器布线和摆放；焊接——用电烙铁焊接电路板的规范要求；调试——消除误差的设备仪表调试方法；读表——采用投影

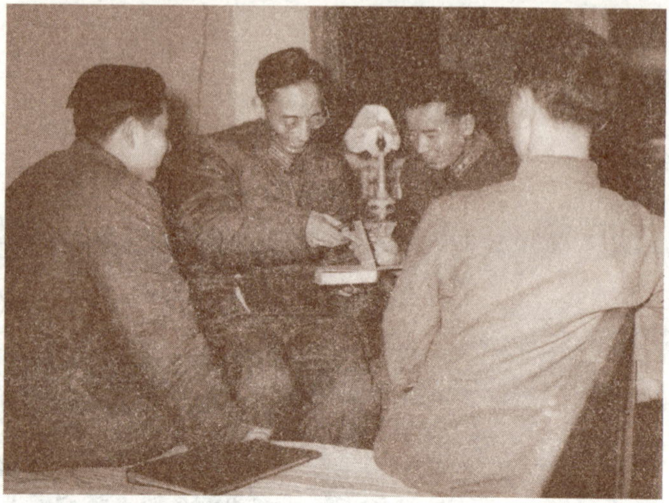

张履谦（左二）和同志们一起研究仿制“543”制导雷达站

光进行电表读数；计量——仪表精确计量；校准——设备的标定；修理——电路、机箱修理。以摆置为例，每个仪器摆置的位置极其讲究，因为摆放位置不同，线路的联接电缆走线有异，仪器之间就有可能出现相互干扰的情况，这将直接影响雷达调试工作的正确性和准确性。正因为如此，张履谦对每一项基本功都严格训练，绝不含糊，保证了“543”导弹雷达制导站的仿制质量。

张履谦在研究室建立学术活动制度，每个月举办一次学术经验交流会。他带头给大家讲课，内容大多为仿制中遇到的关键问题，根据《雷达丛书》的分析，提出自己的见解。室里的同志每人每月写一篇结合工作的学术报告，在工程组进行工作学习心得交流。大家一起讨论，相互帮助，学术气氛十分浓厚，技术水平提高很快。

在张履谦的带领下，研究室的同志们迅速成长起来。黄文鑫担任微波接收机组组长，张通担任高功率发射机组组长，张云龙担任微波网络组组长，王大志担任雷达总体组组长。这些工程组组长，都是张履谦的技术骨干，在传、帮、带过程中，张履谦认为，不仅要授予他们“猎物”，还应给他们传授“猎枪”，让他们真正学会独立工作。张履谦以“授人以鱼不如授人以渔”的做法，培养了研究室的技术人才。

张履谦的模范事迹多次获得上级领导的肯定和上级机关的表彰。1961 年，张履谦所在的第五研究院二分院党委会决定在二分院范围内推广学习张履谦的经验，同时，张履谦的先进事迹还得到了时任副总理的聂荣臻元帅的高度赞扬。1964 年 2 月 6 日，聂荣臻元帅给张爱萍、钱学森等去信，对张履谦的先进事迹作了批示。批示指出，张履谦同志“能够全心全意为党的事业服务，顽强地钻研科学技术和业务知识”，“研究室办得好”，“我认为，这是一个又红又专科学技术干部的代表，是国防科学技术战线上优秀的基层技术指挥员的代表，值得提倡学习。”国防部第五研究院根据批示，将张履谦树立为全院学习的标兵。总政治部国防科学工作部印发了《向张履谦同志学习》的小册子，书中以《一个又红又专的科学技术干部——张履谦同志的先进事迹》为题，向国防科技界宣传介绍了张履谦的先进事迹。内同包括全心全意为党工作；刻苦钻研，长期不懈；

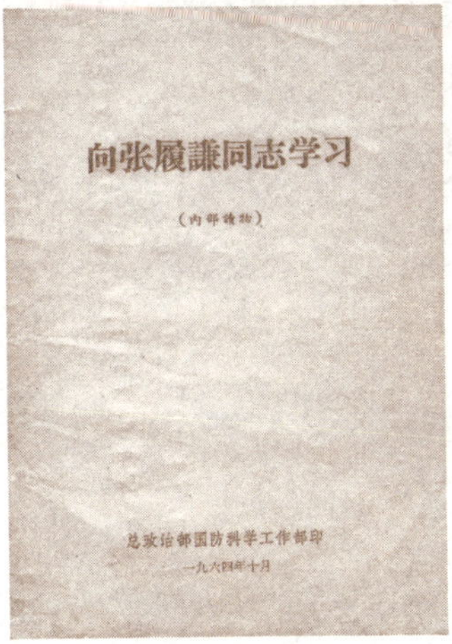

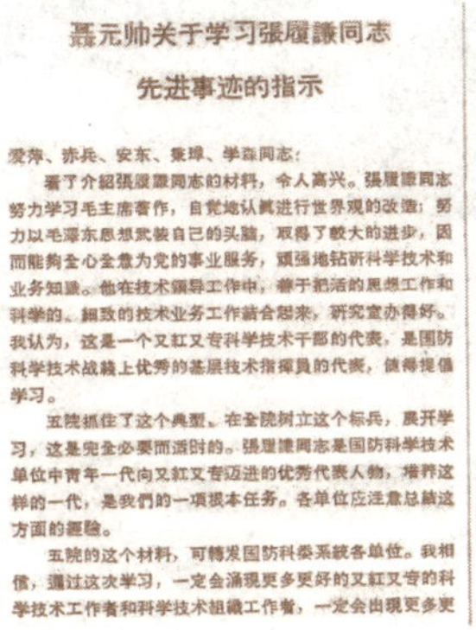
聂元帅关于学习張履謙同志先进事迹的指示

爱萍、赤兵、安东、秉璋、学森同志：

看了介绍張履謙同志的材料，令人高兴。張履謙同志努力学习毛主席著作，自觉地认真进行世界观的改造；努力以毛泽东思想武装自己的头脑，取得了较大的进步，因而能够全心全意为党的事业服务，顽强地钻研科学技术和业务知识。他在技术领导工作中，善于把活的思想工作和科学的、细致的技术业务工作结合起来，研究室办得好。我认为，这是一个又红又专科学技术干部的代表，是国防科学技术战线上优秀的基层技术指挥员的代表，值得提倡学习。

五院抓住了这个典型，在全院树立这个标兵，展开学习，这是完全必要而适时的。張履謙同志是国防科学技术单位中青年一代向又紅又专迈进的优秀代表人物，培养这样的一代，是我們的一项根本任务。各单位应注意总結这方面的經驗。

五院的这个材料，可轉发国防科委系統各单位。我相信，通过这次学习，一定会涌現更多更好的又紅又专的科学技术工作者和科学技术組織工作者，一定会出現更多更

《向张履谦同志学习》宣传册封面和聂荣臻元帅指示

深入第一线；狠抓研究室的工作；通过工作实践，大力培养干部；依靠组织，依靠群众；思想领先，以身作则等几大方面。

对此，张履谦在一次讲话中激动地说，“共产主义事业是伟大的，我只是做了一些应做的本岗位工作，还很渺小，今天只能说是开始，希望同志们给我帮助，共同为美好的明天而奋斗”。

1964 年，国防部五院召开首届党代会，总结成立以来的工作经验，研究进一步发展导弹武器事业。党和国家领导人刘少奇、周恩来、朱德、邓小平等接见了与会代表。张履谦在这次会上被选为国防部五院党委委员，他深知这是党对他的无限信任，也是对他更进一步的激励。张履谦更加踏实地工作，投身于祖国的国防科研事业。

张履谦在二分院将其树立为标兵表彰会上记录领导指示

1964年，国防部五院首届党委委员与党代会代表合影（截图，前排右三为张履谦）

张履谦

张履谦院士传记

Academician Zhang Luqian's Biography

第五章

动乱年代　坚持工作

“文革”动乱，坚持工作，继续奋战预先研究第一线；三线建设，积劳成疾，病榻之上学习探索新技术。

1. 面对冲击　坚定理想信念

1965年1月，根据全国人大的决议，以国防部第五研究院为基础，成立中华人民共和国第七机械工业部，目的是要“把科研和生产扭在一起”，加快发展中国的导弹事业。

随着第七机械工业部的成立，1965年，张履谦随所在的国防部五院二分院第三设计部集体转业，原单位更名为七机部二院23所，张履谦被任命为副所长。七机部二院主要负责地空导弹系统研制，23所负责制导雷达站的研制。

随着“红旗二号”研制工作的不断推进，张履谦带领型号研制人员，不断研究提高制导雷达的作战性能和抗干扰能力。1966年年底，张履谦和23所的同志们完成了“红旗二号”制导雷达站的定型工作，并移交第四机械工业部（即后来的电子工业部）进行批量生产，并装备部队。

1966年，“文化大革命”开始了。在摧毁“资产阶级司令部”、“打倒走资本主义道路的当权派”的夺权声中，全国陷入了“怀疑一切”、“打倒一切”、“全面内乱”的混乱局面，“文革”之风也很快蔓延到了位于北京永定路的七机部二院。研究人员除5天搞科研工作外，还被要求进行一天的政治学习，学习当时的“评海瑞罢官”、“批判三家村”和聂元梓的“我的第一张大字报”等文章。二院的科研楼旁大字报“满天飞”，不时就有人被莫名地戴上“资产阶级知识分子”“白专分子”的帽子。有些青年怕被戴上“白专分子”的帽子，不敢公开学习外语和专业知识，只能躲起来偷偷学习。

作为23所副所长的张履谦也被夺了权，他被勒令“靠边站”。随后，二院来了军管会、工宣队和军宣队。张履谦在军管会的安排下，担任23所生产组组长，一面搞革命，接受改造和再教育，一面抓工作，促生产。

在批斗走资派的浪潮中，张履谦也毫不例外地受到了冲击。一天早上，二院9号楼的墙壁上贴出了批判张履谦的大字报，大字报很多，都是批判他“只专不红”、“埋头业务”、“拉车不看路”、走“白专道路”的内容。有几张大字报更是说张履谦不是国防科技战线的标兵，恰恰相反，是走“白专道路”的“黑”标兵。在张履谦被树立为国防科技战线标兵时，他刻苦攻读《雷达丛书》的事迹被认为是走“白专道路”的例证。当时的研究室政委在看党内文件时，在文件上作标记，供张履谦重点阅读，以便让他有更多的时间搞科研，也被批判为是在培养“白专人才”。

张履谦并没有追究那些写大字报的同志，他理解革命青年的热情，和他们促膝谈心，以“有则改之，无则加勉”的态度，对待群众的批评。

那时领导干部无一例外被要求参加劳动改造。张履谦每天很早就来到办公室，先把所在楼层的厕所打扫干净，再用拖布把走廊拖两遍，干完这些活后，再投入科研工作。“文革”期间，他先后被指派到食堂参加劳动，做洗菜、切菜、打饭、打菜、烧火和洗碗等工作；被下放到云岗地区的 304 场，参加插秧、拔草、收割水稻等劳动；还被下放到生产加工车间，干些扫地、擦机床、扛大锤的粗活。

当时，领导干部被要求做到“三同”，即和群众同吃、同住、同劳动。张履谦被安排住在集体宿舍，四人一间，人多嘈杂，而且经常要搬家。在几次搬家中，他省吃俭用从外文书店买的《雷达丛书》丢失了好几本，学习《雷达丛书》时记的笔记也遗憾地丢失了。

最让张履谦想不通的是，自己居然被批判为走“白专道路”，要如此地进行思想改造。参加工作以来，他始终一心扑在事业上，努力钻研，勤奋工作，虽然工作做得还不够好，但专心攻技术、搞业务并没有错啊！

最让张履谦担心的是，爱人力伯畏也受到了“文革”的冲击，被下放到工厂，张履谦夫妇根本不能照看自己的小孩，只好把两个女儿都交给保姆照顾。

面对混乱的社会环境，张履谦为党的事业奋斗终身的信念始终没有动摇过，在这混乱的岁月里，他铭记着党和国家领导人对他的亲切接见和热情鼓励，以及对雷达研制人员的重托。

张履谦算起来，20世纪50年代，他曾三次受到过毛主席的接见，并与他亲切握手。1963年“五一”国际劳动节前夕，国家主席刘少奇也在人民大会堂接见过他。

张履谦第一次见到毛主席，是在1954年10月中旬，通信部在中南海瀛台举办了一场通信和雷达装备展览会。

在此次展览会上，军委把在朝鲜参加抗美援朝以及新中国成立后我们自行研制的雷达装备，向党中央、毛主席进行了展览汇报。张履谦负责操作一部空军指挥雷达。上午10时许，毛主席来到雷达车旁，张履谦难抑激动的心情，情不自禁地跑上前去向毛主席敬礼，毛主席亲切地紧握着他的手。张履谦向毛主席介绍了雷达工作原理，并开机演示给毛主席看。张履谦搀扶着毛主席上了雷达车，指着雷达荧光屏上闪动和移动的雷达回波亮点，向毛主席汇报说，雷达已经探测到了一架飞机，亮点就是飞机的雷达回波。看到雷达荧光屏上的亮点，毛主席笑着说，我在这里看到了几十千米远的飞机，真是千里眼哪！张履谦接着介绍了在抗美援朝时，美帝国主义干扰我军雷达以及我们是如何抗干扰的，毛主席点头并热情称赞说：我们就是不信邪呀！

彭德怀、贺龙、陈毅、李先念等领导同志也先后观看了张履谦的雷达操作表演。毛主席的话和国家领导人的参观，充分体现了党和国家对雷达事业的关心与厚望。

1957年，军委举行通信兵技术竞赛。作为全军通信兵技术竞赛代表，他在中南海受到了毛主席的亲切接见。毛主席和张履谦亲切握手，勉励参赛人员好好工作，为新中国国防建设不断努力。

1963 年“五一”国际劳动节前夕，全国优秀模范人物齐聚人民大会堂，受到了国家主席刘少奇的亲切接见。张履谦对当时的情景记忆犹深，少奇同志见到他说，你很瘦，身体怎么样？粮食够吃吗？要注意加强营养。

党和国家领导人多次在中南海和人民大会堂接见张履谦，并与他握手及合影，深刻激励着他。而他也对老一辈无产阶级革命家和他们所创建的革命事业，怀着崇敬和热爱之情。在后来的“文化大革命”中，张履谦遭受冲击，受到各种不公正待遇，但他对党的感情、对国防建设事业的热情，却始终没有改变。

在军管会的安排下，“文革”期间的张履谦又积极投身到导弹防御系统的预研工作和“三线”建设的任务中去，他坚定信念，排除干扰，不计较个人得失，继续坚持工作。

2. 预先研究　投身于相控阵

第二次世界大战结束后，美、苏两个霸权国家大搞冷战和军备竞赛，大力发展战略核武器、远程打击武器和导弹防御武器的研制。根据毛主席“有矛必有盾”的指示和钱学森的建议，1964 年，我国启动了导弹防御工程的研制工作。

导弹防御系统是一种摧毁敌方来袭的弹道导弹

（中程导弹、远程导弹、洲际导弹）的武器系统，一般包括预警雷达、地面引导雷达、指挥控制中心和拦截武器等部分。不难看出，导弹防御系统对雷达技术提出了极高要求。首先，要能够在高空数千千米以外发现远距离来袭的导弹，对它的位置坐标和速度迅速做出判断。其次，测出这些参数后，还要进行弹道计算和轨迹预测，识别真假弹头。再次，要能引导我方的拦截导弹飞行，精确拦截来袭目标。当时，我国雷达发现目标的距离和跟踪测量的精度与国外先进水平相比还差一个数量级，雷达分辨率则差距更大。

导弹防御工程分远距离预警雷达、跟踪制导雷达、拦截导弹、通信指挥等系统，张履谦参加了跟踪制导雷达的研究。跟踪制导雷达是导弹防御系统的核心雷达，用于在数千千米以外跟踪捕获对方导弹，进行识别，同时引导我方多发导弹进行拦截，要求距离远、精度高、功能多，还需具备目标识别能力。

“文革”之风愈演愈烈。在钱学森的领导下，七机部二院没有停止导弹防御工程预研工作。为了加快导弹防御工程的研制进程，1969 年 8 月，国务院总理周恩来批准七机部二院集中力量对导弹防御工程展开攻关。同年，中、苏两国发生珍宝岛战役，中国开始进入全民备战状态，导弹防御计划也变得急迫起来。

为了研制这样一个高难度的导弹防御工程制导雷达系统，23 所的同志们从各自的专业角度，献计献策。作为 23 所的主要技术负责人之一和导弹防御工程制导雷达系统的主要设计者之一，张履谦更是冥思苦想，一心扑在预研工作上。为了弄清一些技术原理，了解国外技术进展，他挤出时间往图书馆跑，仔细查阅有关弹道导弹性能、雷达技术发展等各种资料文献、期刊。为了尽快拿出设计方案，张履谦经常在办公室工作到很晚，反复进行计算论证，并积极组织总体室同志一起讨论。在工作和生活上，张履谦待人谦虚，为人随和，又多年从事雷达研究工作，因此，总体室的同志都非常愿意和他一起做研究工作，也十分尊重他的方案设想。

当张履谦他们开始着手导弹防御工程制导雷达系统预研时，国际上的雷达技术已经发展到了第三代。雷达出现在第二次世界大战前夕，当时的雷达通过真空电子管利用超短波工作。第二次世界大战期间，磁控管、速调管等新器件先后发明出来，并被应用到了雷达上。第二代雷达是在应用微波技术后，加上采用新的设计体制，精度获得了很大提高，探测距离也大大增加。在第二代雷达技术的基础上，发展了远程警戒雷达、机载雷达、精密炮火控制雷达，等等。20 世纪五六十年代，出现了单脉冲比相测角、线性脉冲压缩技术，基于硅基晶体管的计算技术也被应用于天线辐射单元的相位控制，发展了相控阵雷达，雷达作用距离、测量精度和多目标跟踪性能得到显著提高。至此，雷达技术迈上了一个新台阶，发展到第三代，还被广泛应用于空间目标的跟踪和测量。

在广泛学习国内外雷达知识的基础上，张履谦认为，导弹防御工程制导雷达系统必须采用新技术、新体制和新方法，现有的经典式雷达体制无法满足导弹防御系统的应用要求。为此，他和 23 所的同志们提出了新的设计方案，认为导弹防御工程制导雷达系统应是大型多目标精密跟踪相控阵雷达和导弹跟踪单脉冲雷达相结合的系统，预先研究的攻关目标，应是一部相控阵雷达和一部单脉冲雷达。

相控阵雷达和单脉冲雷达是当时国际上最先进的雷达体制。相控阵雷达采用数字控制的多波束、宽角度电扫描，跟踪目标数量多，融合了脉冲压缩技术，能够发现远距离目标，其测距精度与分辨率均很高。单脉冲雷达的测角精度高，能满足目标精密跟踪和导弹精确引导的要求，同时抗干扰性能也较好。张履谦认为，相控阵雷达的功率可以在空间相加形成巨大的发射功率，采用多面阵或球面阵可形成全方位扫描，无须机械转动而可用天线波束扫描跟踪目标，是一种极其有发展前途的新型雷达体制，我国应尽快突破相控阵雷达技术，赶超世界先进水平。

这个方案的形成，中间经过数十次方案讨论和指标论证计算，来之不易。其中的关键点，一方面是要看方案能否完成远程目标的跟踪探测任务，另一方面还要看国内是否有条件很快地把设计的雷达制造出来。为了尽快拿出方案，23 所各室的几百名同志齐上阵，从发射、接收、控制、数据处理、显示、核心元件等不同角度深入调研，献策献计。张履谦跑遍了北京几所大学和国内有关发射接收等器件研制单位进行调研，并亲自拿着计算尺，与研究室的同志一起进行指标论证和数据核对。有时某个数据计算结果不一致，张履谦便要求大家反复计算，直到问题得到解决为止。

制导雷达方案最终得到导弹防御系统总体单位的认同，但有些同志认为难度太大，研制不出来。所里的军管会同志对导弹防御工程制导雷达系统也不熟悉，因此对方案也难以审定。军管会领导多次找张履谦咨询，张履谦向他们详细阐述了设计方案的先进性与可行性，介绍了方案的技术难点和解决途径，表达了他亲自调研和经过论证的看法。有了张履谦的意见，军管会对这一方案有了底，很快批准了方案。

与此同时，张履谦向军管会领导提出申请，表示愿意参加相控阵雷达技术攻关和单脉冲雷达研制，为建立我国导弹防御系统贡献自己的力量。张履谦的申请得到了军管会的批准，并责令他去抓这两项工程的研制任务，从而使他在“文革”中仍一直坚持在科研工作第一线。

相控阵雷达是利用改变雷达阵列天线辐射单元的相位，来实现改变波束指向的雷达。因其是以电子方式控制波束扫描，而非用传统的机械方式转动天线，故又称电子扫描雷达。

远程跟踪相控阵雷达类似于蜻蜓的眼睛。蜻蜓的眼睛是由许许多多个小眼组成的，每个小眼都能成单独完整的图像，这样就使得它所看到的范围要比人眼大得多。相控阵雷达天线由许多个收发单元组成，收发单元数目愈多，作用距离愈远，收发单元数可设计为几百个到几万个。这些单元有规则地排列在平面上，构成阵列天线。

利用电磁波相干原理，通过计算机控制各辐射单元电流的相位，就可以改变波束的方向进行扫描，故称为电子扫描。收发单元把接收到的回波信号送入处理计算机，完成雷达对目标的搜索、跟踪和测量。每个天线单元除了有天线辐射器之外，还有移相器等必需的器件。不同的辐射器通过移相器可以输入不同相位的电流，从而在空间辐射出不同方向的波束。天线的单元数目越多，波束在空间形成的方向性能就越好。这种雷达的工作基础是相位可控的阵列天线，“相控阵”由此得名。

相控阵雷达的能量在空间相加，可以使雷达得到很大的发射功率，实现大功率要求，而大功率能延伸雷达的作用距离，使雷达的探测距离更远；相控阵雷达的波束采用电子控制，不用机械转动，机动灵活；采用相位控制天线形成的多个波束，可以同时跟踪多个目标。因此，用相控阵雷达跟踪几千千米以外飞来的敌方导弹，是一个极佳的选择。

事实上，相控阵技术早在20世纪30年代就已出现，但直到20世纪五六十年代才研制出可应用的相控阵雷达。相控阵雷达作为尖端科技，当时只有美国拥有较为完善的技术体系。要想从美国获取这一技术或产品是不可能的，为此，中国必须自己研制。

23所组织了六项关键技术的攻关队伍，其中，一室负责雷达总体，二室负责相控阵天线，四室负责高功率发射机，五室负责低噪声接收机，六室负责波束控制器，八室负责移相器。对于23所来说，在这几项关键技术中，天线、移相器和波束控制器三个项目，之前没有搞过，也没有相关技术储备，所以成为关键技术难点。

作为军管会责令抓生产的负责人，张履谦不是只发指示、听汇报游离于攻关队伍之外，而是亲自深入实验室，和同志们一起搞研究，还深入到工厂、车间，了解加工中出现的问题，跟踪相关设备的生产情况。

在二室，张履谦经常到天线专家熊继衮和姜新发等同志的技术攻关现场，观察测试情况，查看测试数据，了解工作进展，获取第一手资料，并与他们讨论交流。在张履谦的带领下，经过日夜钻研和持续技术攻关，二室的同志先是做出了天线的子阵，而后又解决了各天线单元的馈电和相互耦合等问题，实现了天线增益、副瓣等高性能指标，并进一步解决了各天线单元的加权与大阵的设计问题。

移相器的技术关键是降低传输能量损耗，实现准确的相移和器件在批量生产中的一致性。这对移相器所用材料的配方和纯度都提出了严格要求，需进行大量的试验才能投入生产。同时在材料烧结过程中，要求烧结工艺稳定可控。为了研制出合格的移相器，张履谦亲自蹲在实验室，观看材料配方和烧结全过程，直到亲眼看到测试数据，性能达到要求，才放下心来。

波束控制器是一个由逻辑电路组成的控制设备，其作用是控制波束相位。波束控制器研制的关键是设计逻辑电路和解决元器件生产问题。张履谦亲自跑到七机部的仓库里，有时为了找到一个元件，他在仓库里一待就是几个小时。

如果仓库里没有，他就跑到兄弟单位求援，直至找到所需器件，研制出波束控制器。

张履谦以高度的事业心和责任感，参加和领导了相控阵雷达的技术攻关，突破了关键技术，并在攻关工作中培养了许多骨干人才，为以后研制更高水平的相控阵雷达，打下了良好基础。

3. 克服困难　研制成单脉冲

根据张履谦等人提出的单脉冲雷达用作导弹拦截制导的技术方案，在精密跟踪单脉冲雷达研制方面，23所又组织了五项关键技术的攻关队伍，其中，一室负责雷达总体，二室负责天线馈源，三室负责液压随动系统和测角装置，五室负责三通道幅相平衡低噪声接收机。

单脉冲雷达是精密跟踪雷达，雷达每发射一个脉冲，回波就能同时从一个和波束和两个差波束传送回来，再将各波束回波信号的幅度和相位进行比较，当目标位于天线轴线上时，差波束回波信号的幅度为零，归一化信号为零；当目标不在天线轴线上时，各波束回波信号的幅度和相位不等，产生角度误差信号，误差信号驱动天线转向直至天线轴线对准目标，这样便可精密测出目标的高度角和方位角，从而实现对目标的精确测量和跟踪。单脉冲雷达对目标跟踪作用距离远，测量精度高，还有一定的抗干扰能力，用它来跟踪导弹是一种最优选的方案。

张履谦参加了精密跟踪单脉冲雷达关键技术的攻关和研制，其主要关键技术有抛物面天线、天线馈源、精密测角码盘、液压伺服系统、三通道接收机。

在天线馈源的攻关过程中，张履谦深入车间，了解天线正、副反射面的加工成型和馈源的精密铸造情况，协调技术指标。"文革"动乱期间，生产车间基本瘫痪，做出来的样品多次不合格。工人们情绪急躁起来，张履谦并不气馁，他亲自找他们谈心，向他们解释科学试验大部分一次不成功，失败是常有之事，反复试验才合格并不奇怪。经过多次周折、反复试验，最终成功地拿出了高指标的天线馈源系统。

精密测角码盘由外协单位研制，液压伺服系统的精密加工也由外协单位完成。为使雷达各系统齐头并进，张履谦经常到外协单位出差，指导研制工作，进行技术协调。

单脉冲雷达各分机分布在各实验室研制，受"文革"影响，全所工作处于无政府状态。各部门人心涣散，工作效率极为低下，计划进度常常落空。技术攻关并不是什么难事，管理和协调却成了大问题。有时仪器室的人不在，有时器材处的人不在，张履谦为试验跑仪器、跑器材，马不停蹄，整天连轴转。就是在这样的条件下，张履谦仍以忘我的工作精神，带领一批有志青年刻苦攻关，日夜奋战，终于研制出了单脉冲精密跟踪雷达的各个分机。

最终，雷达各分机被集中到 304 场进行总装调试。304 场位于北京丰台区云岗，当时还没有完全建成，场地泥泞不堪，到处是杂草和泥水。试验人员只好暂时住在三院招待所，招待所离试验场有 3 里多路。304 场的工作条件非常艰苦，没有厕所，大家便自己挖坑搭建；为防止从围墙外跳进的不速之客，同志们自己值班看守 1200 亩试验场。

为了加快雷达的总装调试进度，一室王金奎，三室夏福祥、洪大光，五室黄文鑫等同志都参加了进来。张履谦和30多名试验人员一道工作，一同调试，一起打扫实验室，一起进行技术攻关。

有一次，雷达液压系统出现了漏油问题，张履谦等人查了许多遍，也没能找到根源，于是，他请来了车间的佟继君师傅，迅速解决了这一问题。没多久，雷达波导连接又出现了差错，他又请车间的张君义师傅纠正了差错。张履谦以谦虚务实、不耻下问的态度，请教工人师傅，使问题很快得到了解决。

但问题远不止这些。雷达跟踪天线塔上信号源抖动，接收信号不稳定，张履谦带领同志们用了各种办法，依然没有解决。那时用来查找故障的仪表只有三用表，效率非常低，大家十分着急，张履谦更是连吃饭、坐车甚至睡觉，都在想这个问题。

作为排查故障的能手，张履谦有自己的一套方法。他组织所有人员在机房开跟踪回路分析会，详细分析雷达在早、中、晚，阴、晴、雨等各个时段和各种天气情况下测得的数据，最终发现天线塔上信号不稳定的原因在于随着温度的变化，地面雷达接收机两个信道参数产生了不同的变化，晴天调好了，阴天又不行了，因此必须重新调整信道参数。

接收信道不平衡、信号不稳定问题解决后，雷达的S曲线变得平滑了，单脉冲天线的关键指标达到了要求，张履谦和23所的同志们终于成功研制出C波段精密跟踪单脉冲雷达，命名为101雷达，其性能指标达到当时国际先进水平。该项成果荣获1978年全国科学大会奖。21世纪初，我国还利用它成功进行了逆合成孔径雷达（ISAR）成像试验，获得了飞机影像。

在张履谦的亲力亲为下，相控阵雷达的几项重大关键技术和导弹跟踪单脉冲雷达研制取得了突破，进行了系统联试。后来，导弹防御工程进行了进度调整，只保留少数科研人员进行技术跟踪的预先研究。但通过这些扎实的工作，

2008年9月，张履谦（左六）和23所的领导与老同志合影

23所有了预先研究成果，积累了丰富的研制经验，培养了许多技术人才，实验室的设备也得到了充实。

在张履谦和全所同志们的共同努力下，23所的相控阵雷达和单脉冲雷达研制有了一个良好开端，特别是培养了一批技术人员，为以后的远程相控阵跟踪雷达研制和靶场测量，奠定了基础。

4. 奔走西南　参加三线建设

1964年后，基于当时复杂的国际环境考虑，党和国家领导人做出决策，要“争取时间，积极建设三线战略后方，防备帝国主义发动侵略战争”，同时提出三线建设的总目标是“要争取多快好省的方法，在纵深地区建立起一个工农业结合的为国防和农业服务的比较完整的战略后方基地”。

在强烈的民族危亡意识的感召下，怀着对党忠诚、

对祖国负责的信念，张履谦义无反顾地投入到三线建设任务中。他参加了地空导弹制导雷达的三线建设工作和导弹防御制导雷达的三线选点工作，前者在贵州遵义，后者在湖南邵阳地区。

当时，三线建设的选址要根据“靠山、分散、隐蔽”（简称山、散、洞）的方针进行，重要设备要“进洞”。七机部二院选择贵州遵义地区作为地空导弹的三线建设基地，制导雷达安排在四个地址，彼此之间相隔很远，这四个地址分别建立雷达收发设备厂、指令控制厂、计算设备厂、显示设备厂。

张履谦参加了这四个厂的建设方案制订工作，他当时就意识到，地空导弹制导雷达是一个整体，分散在山沟四个厂生产不太合理，但当时的指导方针是不可改变的，他只得亲自前往贵州勘察地形，根据任务需求，筹划工厂建设规模，拟定配置机床类型和数量，根据工艺流程，设计生产线……无不计算仔细，考虑周详，力求方便生产，提高效率，做得科学一些，合理一些。

雷达收发设备厂是生产制导雷达的一个规模较大的主要工厂，张履谦安排它作为主厂。其生产的主要产品有微波发射机、微波接收机、稳压高压电源等。该厂还承担天线生产任务，建设有天线试验场，同时安排了总装调试厂房。

指令控制厂是生产地空导弹制导指令高、低频设备的工厂，要求指令的产生和发射自成体系，保密要求高，电磁屏蔽好，张履谦将其安排在一个较偏远的山沟中。

计算设备是防空导弹的导弹制导和目标拦截的计算系统，是制导雷达的大脑；显示设备集中显示制导雷达的参数数据，是制导雷达的操作中心。显示与计算两者关系密切，大都使用电路板和电子元器件进行生产，为使在分散条件下尽量方便生产，张履谦安排这两个厂相互毗连，以便较好地进行配合和协作。

厂址确定后，接着就是进行每个厂的科研机构和生产设施的技术方案设计。张履谦组织科技人员和技术工人，对每个厂的科研机构编制，每个实验室的仪器配备和精度要求，每个车间的人员岗位、机床种类和数量，都作了深入研究，进行周密设计，合理安排工艺流程。为适应贵州地区阴雨潮湿的气候，他们还为精密机床进“洞”提出了环境要求和设计方案，为百年大计的建设工程夜以继日地工作，反复细致地思量，为建设一个能经得起考验的三线科研生产基地呕心沥血。

遵义地区的制导雷达三线建设完成后，批量生产了成套地空导弹制导雷达站，为部队提供了合格的装备。

张履谦参加完地空导弹制导雷达站三线建设设计工作后，1975 年又投身于导弹防御制导雷达三线建设的选址工作。

中央军委决定导弹防御制导雷达的三线建设地点为湖南邵阳地区，二院为重点军工单位，三线建成后要全部搬迁。当时的军管会指定张履谦兼管二院三线建设工作，同时负责 23 所三线建设任务。

当时二院正在开展导弹防御系统预先研究，其中导弹防御制导雷达包括一部远程多功能相控阵雷达和一部导弹跟踪单脉冲雷达，此时正处于攻关阶段。三线建设应当形成怎样的规模，研制什么样的雷达，是必须面对和解决的问题。在此情况下，张履谦提出建立一个研究所和三个生产厂的方案设想，即一个制导雷达总体所（包括天线试验场），三个生产厂分别生产雷达收发部件、伺服随动系统、计算处理设备。这个方案设想得到院、所两级军管会的同意，并成为导弹防御制导雷达三线建设的选址依据。

在湖南选址考察期间，为能选到符合要求的基地，张履谦在湖南一呆就是一个多月，每天跋山涉水，行程近百里。天晴时，烈日当空，太阳晒得人头昏脑胀；下雨时，道路泥泞，让人寸步难行。张履谦和同志们穿着草鞋长途跋涉，不畏酷暑湿热，不惧蚊虫叮咬，一直坚持在艰苦的环境下工作。

为了找到“靠山、分散、隐蔽”的厂址，张履谦等人拿着一张由省军区提供的军用地图，白天出去考察，晚上回来分析研究。一个月下来，他们跑了好几个地点，费尽了心力。总体所选址要考虑的问题太多：一要考虑有隐蔽的实验室，二要考虑附近有一个空旷的天线试验场，三要考虑离其他三个厂的距离适当，还要考虑科研区和生活区的位置，以及场区道路进入、水源、电力、自然条件等。

为了选到一个合适的天线试验场，张履谦冒着烈日，连翻几座大山，丈量面积，测试平坦度，考虑在什么地方建天线塔，在哪个山头安置测试平台，估计地面电波散射影响，费尽了体力和脑力。

张履谦的身体严重透支。在恶劣的环境下长时间工作，加之三线选点的任务艰巨，终于把他的身体压垮了。一天清晨，张履谦像往常一样准备外出选点，突然感到心脏刺痛，心慌呕吐，晕头转向。他没有将病情告诉同事，稍稍休息后，硬是以坚强的毅力，咬牙坚持与同事们一同外出。领导赵琪发现张履谦的脸色不好，精神不振，问他是否哪儿不舒服，是否需要休息。为了不影响大家的情绪，更为了不影响三线选址工作进度，张履谦掩饰了自己的病情，咬牙说“没事”，直到完成三线选点任务。

在张履谦等人的努力下，23 所制导雷达三线建设进展迅速。完成建设后，在领导的安排下，张履谦又多次前往三线各个厂、所指导工作。

张履谦参加建设的导弹防御制导雷达三线基地建成投产。现今在邵阳地区的厂所已迁至长沙，在长沙建成了航天城，为航天事业发展壮大作出了贡献。同时这些地区也因三线建设任务，地方经济得到了长足发展。

5.病而不休　跟踪前沿技术

1975 年，张履谦到湖南为导弹防御制导雷达三线基地考察选址，沉重的工作重担，加之三线选点任务艰巨，使他身体严重透支，几乎在选址途中晕倒。回到北京后，单位和家人才得知他在湖南考察选址期间生病的情况，于是，他被家人送到北京医院进行检查。医生告知他心电图异常，心肌严重缺血，患了冠心病，在湖南三线选址那次是冠心病发作。医生和二院军管会的领导坚决要求张履谦暂停手中的所有工作，进行治疗和休息，如果还带病坚持工作，他的身体情况会很危险。

过惯了战斗式的紧张生活，突然间被要求不许工作，被安排在家休息，张履谦心里憋得发慌，脑袋也乱糟糟的。他的病情几个月未见好转，反而愈加恶化，爬一层楼都喘得很厉害，双腿无力，身体更加虚弱。

时间流逝，一晃过了一年。“不能再这样躺着了”，张履谦对自己说。他请所里的同志到图书馆和办公室，为他找来有关雷达方面的书籍和新到的国外期刊杂志，边养病边学习。在这段难熬的日子里，书籍成为张履谦抵抗病魔的良方，读书成为他对付病痛的有效手段。

在读书学习中，张履谦读了D.K.Barton和M.I.Skolnik有关雷达理论著作，认为它们是现代雷达发展理论与实践的经典文献。著作文章从理论上阐述了微弱雷达信号的提取，论述了宽带脉冲压缩雷达在分辨力、模糊度的约束条件下雷达信号设计的理论与方法，是现代雷达发展的基本理论基础。长期从事雷达研制的张履谦敏锐地意识到，这篇文献对提高我国雷达技术人员的理论水平很有帮助，而当时国内正缺乏有关雷达基础理论知识的文献。于是，张履谦在养病之余，伏首案头，日夜工作，开始了文献翻译和编写工作。为使译文尽可能忠实于原文，通顺完整地阐述现代雷达理论基础，张履谦查字典，翻阅了有关论述和资料，花费了大量心血，历时几个星期，将文献完整地翻译出来。为方便同志们学习掌握，张履谦对此文进行了改写，形成了《雷达脉冲压缩与波形设计》一文，共3万余字，分上、中、下三部分。其中，第一部分描述了雷达信号的匹配滤波基本理论；第二部分重点介绍了线性与非线性调频脉冲压缩理论与实施方法，及其旁

张履谦编译的《雷达脉冲压缩与波形设计》文稿

瓣抑制、网络失真和并联运用；第三部分介绍了多种雷达信号波形设计，描述了速度与距离测量中的模糊度及参数估值精度。所里的同志们知道这件事后，便很快将文章刊登于第七机械工业部内部刊物《电子技术文选》上，成为雷达技术人员人手一册的读物。

养病期间，张履谦从国外新出版的光电子杂志《PHOTONICS》中得知美国贝尔实验室新研制出电荷耦合器件（CCD）。CCD 是一种半导体表面器件，由 MOS 电容器阵列组成，利用电荷沿半导体表面传输信息。在工作时，以少数载流子的信息电荷，存储在 MOS 结构栅下面的耗尽层势阱中，在时钟脉冲的驱动下，信息电荷在一系列间隙很小的控制电极下存储和转移。CCD 阵列组成的摄像传感器将光量子转换为电荷载流子，对此进行积分存储，将图像转换为空间分布的电荷图形，经扫描而实现二维成像。这种成像器件具有结构简单、体积小、功耗和成本低、可靠性高等特点，随着集成电路工艺水平的快速发展，它的集成度将会很快提高，性能也将显著改进。高集成的 CCD 器件成像分辨率高，比传统感光胶片成像更能大动态灵敏地探测到光的变化。张履谦敏锐地洞察到这种新型器件具有数字化的成像特点，是一种新型革命性的成像器件，随着数字化技术进步，一定会取代胶片感光的模拟成像技术。他立刻写了《电荷耦合器件及其应用》评述文章，介绍其工作原理与应用，并发表在《技术工作通讯》和《航空知识》等杂志上。张履谦在文中指出，作为一种用电荷量来转换不同强度照射的高动态敏感器件，CCD 技术将来必定会在卫星对地观测成像和日常生活摄影中，具有广阔的应用前景。近 30 年来的技术发展，证明了张履谦的敏锐眼光。如今，CCD 器件已在各种对地观测卫星中得到应用，现代天文观测、卫星姿态测量，也无不用上 CCD 器件。几乎所有日常照相机都采用了 CCD 器件，用胶卷照相的相机几近成为古董。

张履谦还积极搜集有关雷达方面的外文期刊杂志，仔细进行研读分析。他结合从事雷达研制 20 多年的经验，在病床上撰写了《雷达技术走向新的发展阶段》论文，发表在《技术工作通讯》上。

这是一篇关于现代雷达技术发展综述和展望的文章，张履谦通过分析和论证，指出：雷达技术的进步，就是一靠需求牵引，二靠技术推动。随着导弹防御需求和数字技术、计算机科学的发展，推动了相控阵雷达的发展，雷达技术走向了新的发展阶段。相控阵雷达是一种新体制雷达，具有许多优势，我国应把握时机，加快相控阵雷达的研究，不能错失发展机遇；相控阵雷达的优势在于其能量在空间相加，具有无比强大的功率，能实现大功率、作用距离远的需求；波束扫描以相位控制方式形成，无需大型天线转动，无惯量、精度高；天线可形成多波束，可发现和跟踪多目标，抗干扰性能强；我国必须在相控阵、脉冲压缩、单脉冲、匹配滤波、控制理论等关键技术上进行攻关，要有所突破。张履谦预言，相控阵雷达的发展和应用，必将使武器装备发展达到新水平，迈上新台阶。他建议同志们大力协同，开展合作，集中力量突破相控阵雷达的关键技术，使我国能在不久的将来赶上和超过国外先进水平。

《雷达技术走向新的发展阶段》论文发表后，立即引起部、局领导和科技人员的高度重视。正在制定导弹防御工程研制方案和进行相控阵雷达技术攻关的同志们看到这篇文章，更加坚定了导弹防御系统预研工作的信心和决心。

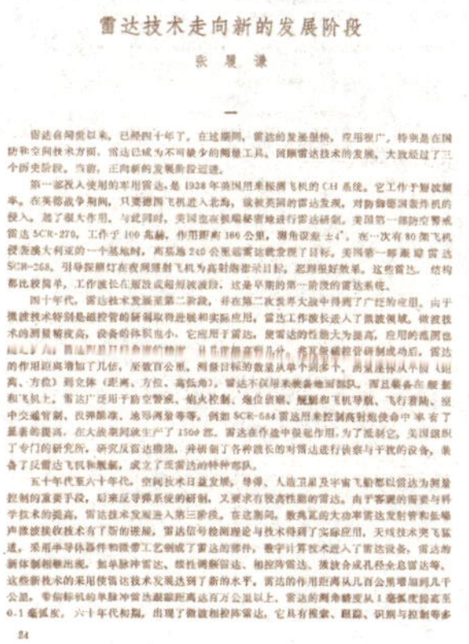

张履谦在病床上撰写的《雷达技术走向新的发展阶段》论文

张履谦

张履谦院士传记

Academician Zhang Luqian's Biography

第六章

卫星通信　建功测控

张履谦带病“出山”，担当测控通信系统“450”工程总设计师。他脚踏实地，身先士卒，圆满完成工程研制，为空间测控组网作出了重大贡献。

1. 带病“出山” 担任总设计师

1975 年，正当张履谦每天在病床上以书为伴、边休养边读书，努力吸取国外先进科学技术知识、跟踪国外先进雷达技术时，一天下午，七机部人事司司长蔡恒泰来到张履谦家中。他是受七机部部长郑天翔的委派，专门来探望张履谦的病情，同时邀请他“出山”工作。

事实上，早在我国第一颗人造地球卫星发射成功以后，根据国家需要，有关部门就已开始进行通信卫星的预研工作，提出了研制地球同步轨道试验通信卫星的初步方案。由于当时正处“文革”时期，正常的科研生产秩序受到严重破坏，加上卫星通信工程是一个庞大的系统工程，技术复杂，涉及面广，又缺乏统一领导来指挥和协调整个工程的研制与建设，各大系统自身问题尤其是各分系统之间的协调问题得不到及时解决，因此，整个工程进展非常缓慢。

1972 年 2 月，美国总统尼克松访华，随身携带了一套卫星通信地面站系统。同年下半年，日本首相田中角荣访华，也随身携带了卫星通信地面站系统。这两件事对我国领导人的触动很大，根据周恩来总理的指示，我国买下了这两套卫星通信地面站系统。

1974年4月，邮电部有关同志给周总理写信，建议由国家统一组织卫星通信工程。5月19日，周总理批示，由国家计委、国防科委联合召开有关部门参加的会议，先将卫星通信的制造、协作和使用方针确定，然后再按分工做出规划，督促进行。这就是著名的“5·19”批示。

为了落实周总理的批示，国家计委、国防科委、邮电部等多次联合召集会议，明确制造、使用、计划分工和协作范围等问题，成立相应的小组，由四机部部长王诤担任组长，并于1975年2月17日提出《关于发展我国卫星通信问题的报告》，报请中央审批。

1975年3月31日，中央军委第八次常委会议讨论通过了报告，不久，该报告获得了党中央和毛主席的批准，从此，我国试验卫星通信工程——“331”工程，正式列入国家计划。此项通信卫星工程和潜艇水下发射导弹、发射洲际导弹，被称为“三抓”任务。

试验卫星通信工程主要包括卫星、运载火箭、测控通信、发射场和地面应用等五大系统。

发射地球同步轨道试验通信卫星，除研制卫星和火箭外，关键是要突破远在约36000千米之外的卫星测控难题。1971年年底，国防科委组织有关部门讨论了我国地球同步轨道试验通信卫星测控系统的方案设想，提出两种方案：一是采用微波测量跟踪设备，超短波遥测、遥控系统独立组成的分散测控系统方案；二是由跟踪测量、遥测和遥控等多种功能集成在一套微波频段设备上的统一测控系统方案，简称“微波统一载波测控系统”，或“微波统一测控系统”。

从1972年至1973年，在通信卫星工程测控系统总设计师陈芳允的主持下，由跟踪与通信技术研究所牵头，会同星地测控系统各个研制单位，经大量调研、论证和协调，一致认为地球同步静止通信卫星测控采用微波统一测控系统，“既经济又有效”，在技术上也现实可行。

由于微波统一测控系统研制难度大、技术新，国防科委决定由七机部和四机部各研制一套，前者代号“450”，安装在闽西，主要用于卫星出海后的测控，由七机部“450”工程办公室抓总；后者代号“155”，安装在渭南，主要用于卫星在内陆段的测控，由四机部十院10所抓总。

两套设备的基本设计思路和框架完全一样，为确保成功，七机部和四机部各研制一套，以备一方的研究力量不够，另一方可以补充，同时也是为了抢进度，谁先研制出来，就用谁的系统，双方既有协作，又有竞争。

四机部的电子工业技术基础好，“155”工程研制进度遥遥领先，而七机部的“450”工程研制队伍是新组建的，研制进度远远处于落后状态。

粉碎“四人帮”后，国防科委要求七机部积极抢抓因“文革”延误的研制任务，在此关键时刻，兼任450办公室主任的任新民副部长向郑天翔部长荐举张履谦到450办任职，得到了郑天翔部长的首肯。当蔡恒泰征求张履谦的意见时，张履谦不假思索地回答说，我是党和国家培养教育出来的，党和国家需要我，我宁肯倒在实验室，也不愿躺在病床上。

1979年夏秋之际，张履谦带病重新走上工作岗位。虽然身体尚未痊愈，但他的心情十分愉快。张履谦被安排到七机部“450”工程办公室任主任，同时兼任工程总设计师。

2. 脚踏实地　遵循科研规律

微波统一载波测控系统是一部集跟踪测量、遥测、遥控、数传等功能于一体的“四合一”雷达，同用一个载波频率。其工作体制极为复杂，在跟踪测角方面，采用10米大型抛物面卡塞格伦单脉冲天线、高位数角编码盘、液压传动；在测速方面，采用上下载波相干的双向频移测速体制，测距采用伪随机码加多测距音的精密测距系统。遥测信号被调制在两个下行的副载波上，一个为数字编码遥测，另一个为模拟信号遥测，前者传送卫星各种工程参数，后者传送卫星姿态参数；遥控也作为副载波，被调制在上行载波上。为实现测控站之间的数据传送，在上行副载波和下行副载波上，又分别调制了数据信息。如此多的副载波调制，被调制的信号又有编码、相移、键控、音频等形式，在国内最复杂的雷达和电子设备中均未采用过，在当时尚属首创。

“450”工程主要有两个雷达系统：一为450-1系统，即上述的微波统一测控系统，其测控距离远，波束窄；二为450-2系统，即超远程引导雷达系统，

451-1微波统一测控设备天线

其波束宽，用于引导450-1系统和155系统捕获和跟踪目标。为研制“450”工程，七机部投入了全部电子研究所和生产厂的力量，主要研制单位有一院704所，二院23所，五院502所、504所、510所和539厂、549厂，还有部属289厂、693厂。

1979年秋，当张履谦来到“450”工程办公室时，各分机设备仍处于在各研制单位制作原理样机阶段，还没有进行所、厂之间的总装对接；设置在七机部701库的对接厂房仍处在土建阶段。按照航天工程的研制流程要求，一个系统的研制必须有任务书，只有突破单项关键技术和总体原理性试验验证成功后，正样任务书才能下达；正样任务书确定后，各研制单位按任务书进行正样研制，这个阶段需要近一年时间；正样研制出来后，还需进行总装对接、调试、试验验证和可靠性增长试验，才能交付使用。根据卫星将于1982年发射的总体安排，时间非常紧迫。七机部领导十分着急，副部长兼“331”工程总设计师任新民经常亲自到试验现场，检查和指导研制工作。

“450”工程能否搞出来，能否按时进入闽西站安装调试，如何完成地球同步轨道试验通信卫星测控任务等问题，让张履谦感到肩上的任务十分艰巨。

由于要赶进度，“450”工程队伍中的人员出现了急躁情绪，产生了两种思想，分歧严重。一种思想认为可以跳过在701库进行总体原理性试验验证阶段，

1980年，任新民（右二）和张履谦（右一）到研制现场指导工作

各研制单位立刻开展正样研制，直接到闽西站进行总装对接；另一种思想认为各研制单位应尽快研制出试验样机并在701库做总装对接试验，待完成总体原理性试验验证后，再下达正样研制任务书，循序渐进地进行正样研制，而后再在闽西站进行总装对接。

这样一个庞大的系统工程，跳过总体原理性试验验证行不行？张履谦深谙“一着不慎、满盘皆输”的道理，他不敢大意，更没有妄下定论，而是立刻深入各研究所和生产厂进行调查研究，与各研制单位、“450”工程办公室的同志们进行广泛的交流探讨，对每一个关键技术细节进行认真的分析研究。

时间紧迫。张履谦深入到北京各个研究所进行技术调查，有时上午跑一家研究所，下午还要赶到另一家研究所进行调研，为了能在下班前摸清问题，经常连午饭都来不及吃。为了弄清一个加工环节或技术难点，他有时会在工厂或实验室里呆上一整天，晚上再整理白天调研所得，测算各技术环节的成熟度，写相关文字材料。通过艰苦细致和脚踏实地的工作，张履谦全面掌握了“450”工程涉及到的全部环节以及需要深入攻关的关键技术难点，对各个环节和各项技术难点做到心中有数，在此基础上，形成下一步的具体实施方案。

张履谦认为，科学来不得半点虚假，一定要脚踏实地，循序渐进。为保证“450”工程万无一失，必须将各试验样机在701库进行总装对接，尽快完成总体原理性试验验证，只有过了原理性这一关，才能下达正样研制任务书，进行正样研制。只有这样，才能确保研制任务一次成功。

先开展原理性验证，后进行设备研制，是张履谦一贯的工作思路。一个庞大的系统工程，不经过关键技术攻关，不进行系统的总体原理性试验验证，就有可能给整个工程造成颠覆性危险，“欲速则不达”，这不但不能加快进度，反而会推迟进度。张履谦把调查研究的情况和自己的想法向七机部领导作了汇报，领导对此非常认同，“450”工程所有科研人员也很快统一了思想认识。张履谦提出的方案得到了一致通过。

解决了认识问题，高涨的工作热情又在701库开始燃烧。在张履谦的带动下，大家团结一心，挑灯苦干，日夜奋战。不久，701库很快盖好了厂房，建起了天线基座，试验样机也相继从各研制单位送到了对接厂房。安装设备、布放电缆、调试模块、测量信号、排查故障等各项工作相继展开。为了工作方便，“450”工程办公室的同志在701库建立起临时招待所，开办了简易食堂。有的同志天刚亮就来到机房，有的同志搬来铺盖，干脆住在701库。

1980年，450-1微波统一载波测控系统各分机试验样机在701库机房中总装对接。由于是首次研制，虽说没有发生颠覆性问题，但却出现了许多待解决的难题，包括10米直径抛物面天线的型面误差调整，液压伺服系统跟踪精度测量，单脉冲雷达的坐标标定，频率源的稳定度测量，测音、伪码测距、多普勒测速的精度校准，PCM/PM 及 FSK/PM 调制解调及定标等。这些关键问题如果不解决，下一阶段的试验验证就无法进行。

张履谦和“450”工程办公室的所有同志一起加班加点，对 450-1 微波统一载波测控系统进行测试调整和故障排除，最终解决了这些难题，完成了各分机的总装对接和接口匹配。之后，又在飞机上安装应答机，进行角度、距离、速度的精度校飞和遥测信号下传、遥控指令上传等试验。经过试验验证，系统满足了总体设计指标要求，过了原理性这一关，打赢了研制过程中的第一场硬仗。1980 年 6 月，在认真核查各项指标的基础上，450-1 微波统一载波测控系统通过了验证试验，获得了上级认可，下达了正样研制任务书，明确了技术状态和接口关系，转入正样研制阶段。

脚踏实地，循序渐进，原理过关，保证质量，450-1 系统研制没有走回头路，没有煮夹生饭，赶上了 155 系统的研制进度，保证了在闽西站的总装和运行，为通信卫星发射提供了保障。

3. 精心调试　打胜闽西硬仗

1981 年年初，根据研制任务书技术指标的要求，450-1 各分系统正样设备在各研制单位研制成功。随着设备被运送到福建沙县，进行安装、对接、调试和校飞，一场检验 450-1 系统能否执行卫星发射测控任务的硬仗即将开始。

450-1 微波统一载波测控系统由 60 余个机柜组成，分立元器件达 10 余万个，焊接点达百万余处。60 余个机柜安装在两栋楼房的 15 个房间内，连接电缆总计 10 余千米长，操作人员近 40 人。如此复杂的设备，由 10 多个单位共同研制，虽经总体原理性试验验证下达了正样任务书，明确了各分系统指标和接口要求，规定了质量保障措施，但各分系统在闽西站对接后能否正常运行，能否将试验通信卫星发射到对36000千米高度的地球同步轨道卫星实施测控并准确定点，谁也不敢打保票。因此，不打一场硬仗，不把系统的技术指标调整稳定，不把设备的可靠性提高，不把性能调整到最佳状态，不可能完成卫星发射测控任务。

第一场战役打的是电磁兼容仗。各分机在机房安装就位、电缆连接就绪后，发生了信号相互串扰，导致接收到的信号不纯，噪声增大。虽经采取多种方法和措施，并经过一个多月的努力，还是没能解决问题。总计10余千米长的电缆接线分布在室内室外、房前房后、楼上楼下，相互交错，千头万绪，要将故障准确定位，谈何容易！为了确保质量，张履谦下定决心推倒重来。他带领大家拆掉所有的电缆布线，制定标准，严格要求，一起动手，更新插头插座，采取多种隔离、屏蔽措施，信号、电源、机壳三线分别接地，防止电流串扰。经过缜密的布线设计和施工，采取诸多防干扰措施，问题最终得到彻底解决。

第二场战役打的是设备恢复仗。从北京到福建沙县，路程近2000千米，由于条件所限，设备不能用飞机运输，450-1系统60余个机柜的设备经过汽车和

“450”工程闽西站外景

火车长途运输而来。闽西地区多雨，道路泥泞颠簸。运输过程中，许多仪器设备的结构、状态发生了变化，加上当地潮湿闷热，气温很高，一些元器件性能也因环境温度、湿度的改变而发生了变化。有的螺丝松动了，有的焊点脱线了，有的参数漂移了，有的器件发霉了，有的机柜进入了多余的杂物，甚至个别机柜还飞进了苍蝇和蚊子。清理设备，这又是一项庞杂和细致的工作。张履谦带领大家对 60 余个机柜进行清洁整理，细心目检和清点机柜中的每一个元器件，逐个进行指标测试和调试，再进行固化，最终将数以千计的参数调整到符合规定的技术指标要求。

第三场战役打的是指标优化仗。各机柜完成指标调整后，要进行各分系统联调，以使整个微波统一载波测控系统指标达到优化。为了达到 450-1 系统的整体协调，保证系统优质、高效地运行，单机稳定工作是基础，无论哪个局部出了问题，都会影响整个系统的协调运行。由于闽西站环境条件的原因，频出的故障考验着每个人的智慧和毅力。在这个关键时刻，张履谦和同志们沉着冷静，夜以继日地逐一解决故障，最终将故障归零，系统指标得到优化。

第四场战役打的是质量可靠仗。所有分系统联调正常后，450-1 系统开始运行，指标也逐步优化。

卫星发射时要求设备能连续数天可靠稳定地工作，因而保证电子设备持续运行的可靠性，对保障卫星发射非常重要。为了增强系统整体的可靠性，排除元器件早期失效，450-1 系统进行了多次连续长时间的通电老练试验。试验队成员连续几天几夜地工作，虽然是轮流值班，但技术骨干们几乎连续几天都待在机房，随时准备排除可能出现的故障。张履谦带领大家认真分析各环节存在的隐患，仔细查找可改进之处，以降低系统干扰，提高系统的稳定性和可靠性。

经过四个战役的硬仗，至 1982 年，450-1 系统通过了连续 6 个 10 小时时段的开机运行考验，未发生故障，各项指标满足要求，随后又用飞机进行了精度校飞试验，设备运行稳定可靠。在后来两次执行卫星发射任务中，450-1 系统连续工作三四十天，每天工作 14~19 小时，经受了严酷环境的各种考验。

闽西夏天室外气温可达四五十摄氏度，人即使不干活，坐着都会出一身汗。那时没有空调，室内配备的风扇也起不了多大作用。吃饭时，男同志们干脆把上衣脱了，光着膀子，但仍然全身是汗。因为心脏病没有痊愈，张履谦是带着氧气袋到闽西站工作的。作为工程总设计师，他丝毫不敢休息，因为他深知人心安定至关重要，如果自己稍有倦怠，势必影响整个团队的士气，从而延误系统的安装调

“450”工程总控制台

1982年，张履谦（右四）在闽西站与参加“450”工程的研制人员合影

试和执行任务。于是，张履谦冒着烈日酷暑，带病坚持工作。有时，他心绞痛发作了，呼吸困难，便含上一片硝酸甘油，吸几口氧气，待自我感觉稍好一些，便又继续投入工作。

来闽西之前，七机部副部长宋健对张履谦的助手兼闽西站常务副队长邱贤佐千叮万嘱，要求他一定照顾好张履谦的身体，注意让张履谦多休息，主要工作由张履谦指导，更多的工作由两个副队长邱贤佐和童铠来做。

在邱贤佐眼中，张履谦高高的个子，瘦瘦的身材，几乎整天穿着一件背心，看上去更显瘦骨嶙峋。由于张履谦的心脏病未痊愈，邱贤佐便吩咐行政组的同志每天提前准备好氧气袋，以备不时之需。许多次，邱贤佐劝张履谦在办公室休息一会儿，但张履谦坚决不同意，一定要亲临现场，参加每一个重大故障的排除工作。

1983年，宋健到闽西站视察工作，张履谦陪同视察。由于雷达天线标定设备架在山顶上，当地道路狭窄，很难通行，接送宋健的车开到半山腰便开不上去了。考虑到张履谦心脏不好，宋健让张履谦在山下休息，由邱贤佐等同志陪他上去，但张履谦却坚持陪着宋健爬上了山。

张履谦勤勉敬业、任劳任怨的忘我精神，以及模范带头作用，深深感染了闽西站的每一位同志。为国富兵强而奋斗的光荣使命，将大家的心紧紧地连在了一起。有同志收到母亲病危的消息，也不请假离开工作岗位；有同志面临儿女上初中、考大学的重担，也不请假回家照料。正是这一批批赤子忠心的中华儿女，把我国第一颗地球同步轨道试验通信卫星成功地送入了太空。

4. 集智攻关　凝聚团队力量

从朝鲜战场的电子对抗到打下U-2侦察飞机，从研究雷达制导到研制导弹防御雷达系统，几乎在我国的每一项重大雷达工程中，都有张履谦的贡献。尤其是20世纪60年代，张履谦被树立为国防科技战线上的标兵，他在国防科研工作中表现出来的出色工作能力、忘我工作精神，深入人心，为人称道。

在“450”工程研制过程中，作为工程总设计师，张履谦表现出高超的学术水平和工作能力，同时表现出严谨的工作作风和有效的科研组织管理能力。在他的影响下，一大批年轻的科研人员聚集在一起，朝着一个目标努力。

张履谦手下有一大批技术骨干，张履谦给予他们极大的发挥空间，充分信任和使用他们。张履谦认为，航天事业是一项集智攻关、集体创新的事业，即使个人能力再大，也绝不可能独自完成整个工程任务。他说，“450”工程研制任务最终取得成功，应该归功于整个团队。

童铠，是张履谦为“450”工程专门找来的助手，担任工程副总设计师。童铠有留苏学习的背景，有很高的理论造诣和精湛的调试技术，在卫星飞行目标捕获和轨道预报方面进行过深入研究，在中频频谱相位噪声调试方面也很有经验。张履谦与他一起深入研究450-1信道系统，解决了调相体制中的微弱信号检测问题。在450-2系统调试中，张履谦又与他多次到549厂，解决信道中频谱不纯和超远距离跟踪精度问题。正是由于童铠的有力协助，张履谦带领团队很快完成了在北京701库的总体原理性试验验证，从而及时研制出正样设备，抢在雨季到来之前，完成了整套设备进站安装任务，扭转了系统研制的被动局面，赶上了卫星发射进度。

柳东升，450-1信道系统主任设计师，在遥测技术方面造诣颇高，对信道设计很有研究，是一个擅长总体设计的技术专家。为了发挥他的特长，张履谦安排他负责信道指标的协调任务。随着信道指标协调性问题的高效解决，450-1系统迅速得到优化。柳东升提出的采用短路法进行雷达距离标定是一项创新，被应用于450-1系统，设备简单，效果非常好。张履谦对大家说，用简单方法解决复杂问题，这是最为可贵的。张履谦倡议每个航天工程技术人员都要像柳东升那样肯动脑筋，深入思考问题，找出解决办法。

张云龙，与张履谦一起工作多年，俩人形成了亦师亦友的关系。张云龙在微波天线与电路方面有很好的理论与技术基础，张履谦安排他担任450-1系统天线、伺服、馈源系统的主任设计师。在长期工作中，张履谦经常与他一起深入现场，共同解决大型天线跟踪精度难题，实现了微波统一设备单站定轨功能。

邱贤佐，在系统工程管理方面有独到的能力与经验，张履谦安排他担任“450”工程的指挥调度。邱贤佐采用流程协调、节点控制的方法，对系统工程进行调度管理，统筹全局，突出重点，突破了诸多关键技术。由于邱贤佐等同志管理得力，复杂、庞大的“450”工程进度得到了较好保障。在闽西站进行系统总装调试期间，邱贤佐更是担任了试验队常务副队长一职，成为张履谦的得力助手。

甄润已，在天线方面有深厚的知识积累。甄润已提出可以利用一个直径不到半米的小天线，对450-1系统的10米大天线的极化轴比进行测量校准。这个建议很具新颖性，当时很多人对此并不认同，但张履谦却积极支持他把这个小天线研制出来。在张履谦的鼓励下，甄润已果然不负所望，成功研制出能校准大天线的小天线，为系统调试作出了贡献。

此外，504所的曾邑铎、李力田、宋剑鸣，539

厂的林鸿英、乐俊国、钱玉琴，549 厂的陈炳祥，502 所的叶万根，23 所的张以森、蔡澜、冯印堂等科研人员，都有自己独特的技术才能，张履谦多次虚心向他们学习、请教。他根据科研人员的特点，充分发挥每个人的长处，同时十分信任他们，放手让他们独立地开展工作。遇到问题时，张履谦总会与他们一起分析故障机理，共同谋划改进措施。“450”工程在闽西站总装调试过程中暴露出 500 多个大小不同的技术问题，在张履谦团队的共同努力下，这些问题在交付前全部得到了彻底解决。

在“450”工程的整体研制中，张履谦的个人威望与影响力是保证系统顺利研制的关键。当时既懂理论又懂工程的雷达专家很少，而张履谦却是雷达领域公认的专家，无论在原理验证、技术设计，还是在系统总装调试、故障分析排除等方面，都有非常丰富的经验。更难能可贵的是，张履谦在工作中一直保持谦虚谨慎的作风，没有领导架子。在整个工程研制期间，张履谦与科研人员打成一片。为了全面掌握“450”工程的关键技术问题，无论是工厂还是实验室，都留下了他的身影，他与研究人员和工厂师傅深入交流，了解情况。正是这种平易近人、谦虚学习的态度和严谨求实的工作作风，为广大科技人员树立了榜样。通过交流讨论，张履谦认为自己也学到了别人的长处，增长了知识，开扩了思路，并对团队中的许多成员有了更加深入的了解。

张履谦还虚心听取用户的批评建议，如果用户提出的建议是对的，他会立即接受。一次，部队操作人员与工程研制人员针对 450 系统机柜操作面板上的开关位置争执起来，部队操作人员认为开关位置布局不合理，因为两个指令开关相距太近，如果不慎按错，将会造成灾难性事故。为此，部队用户坚决要求调整开关位置。

如果接受部队操作人员的意见，就意味着机柜内部布线要改变、面板要重做、一系列图纸要修改，这要花费很长时间。工程研制人员与部队操作人员协商、研究，是否可以凑合着用。张履谦得知此事后，认为部队操作人员提出的建议十分在理，果断否决了“凑合着用”的想法。他责令相关工程组重新设计，并亲自和大家一起日夜赶工，调整开关位置。之后，张履谦又以此为案例教育大家，一定要认真听取来自部队一线操作人员的正确意见。

张履谦说，航天工程是一个将集体智慧集成在一起的工程，要充分发挥群众智慧，团结一心，步调一致，将大家的知识和能力、优点和特长集成在一起，相互取长补短，才能创建优质工程。“450”工程就是在这样的氛围下，整个团队心往一处想，劲往一处使，以党和国家的利益为重，不计较个人得失，直至取得工程的最后胜利。

5. 工作“入轨” 空间测控组网

在1984年1月29日第一次执行发射东方红二号试验通信卫星01星任务时，由于火箭三级发动机二次点火失败，卫星未能进入预定轨道，而进入了一条较低轨道。在上级的统一指挥下，450系统和155系统之间进行了卫星数传通信试验。

在01星发射时，根据测算出来的卫星轨迹，450-2雷达守候在地平线的预报方位，对卫星进行扫描探测。当01星刚一升出地平线，450 - 2雷达立刻探测到了目标。之后，它稳定地跟踪目标，成功地引导450-1系统对01星实现信号捕获、角度跟踪测量、码捕获、信号解调等功能，获得了很多宝贵的遥测数据。与此同时，设在渭南站的155系统，也对目标实现了捕获和跟踪。在宋健的指挥下，渭南站与闽西站的雷达系统多次成功地进行了数据通信试验。

卫星发射虽未入轨，但测控通信系统却得到了实践检验，经受住了考验，取得了圆满成功。

回过头看，技术先进、难度巨大、系统复杂的“450”工程之所以能够一次研制成功，是因研制思路和研制方法科学正确。用张履谦的话说，虽然01星未能入轨，但“450”工程已经“入轨”。

首先，方案选择“入轨”。“450”工程采用先进的统一载波、四合一（跟踪、遥测、遥控、数传）测控雷达体制，能单站定轨，有中国特色，全部采用我国自行研制的设备和元器件，走自力更生的道路，具有自主知识产权，是我国电子技术领域的一项重大创新，方案正确。

其次，技术路线“入轨”。“450”工程立足于自行研制，脚踏实地攻关，一步一个脚印，通过总体原理性试验验证，突破关键技术后，才下达正样研制任务书，研制过程中没有出现颠覆性的问题，技术路线正确。

其三，工程质量控制“入轨”。研制过程中，严把质量关，设计、元器件使用、验证、安装、对接、调试、校飞各环节，均从实际出发，从严把关，电路板不合格不装机，单机不合格不出厂，责任到人，质量控制有效。

其四，管理“入轨”。“450”工程是一项协调工程。张履谦通俗而又形象地把它比喻成一棵大树，工程中的各项设备，就像树叶、树枝、树干和树根，相互关联，相互影响，排除故障要建立故障树，做设计、分指标、攻关键、搞分工等，都要建立“树”

的概念，逐项有条有理地把它抓好。在实际工作中，张履谦便是以“树”的理念来抓“450”工程的。

“450”工程由总设计师和各分系统主任设计师组成的核心组负责从顶层设计上，将这棵“树”勾勒出来。副主任设计师是枝干，要负责把分系统设计好；主管设计师是枝叶，要对工程设计细节负责。张履谦率领全体人员从全局出发，要求每个人切实承担起自己的工作职责。“450”工程建立了许多“树”，如指标树、岗位责任树、流程进度树等，整个工程管理条理清楚，责任明确，忙而有序，管理有效。

最后，人心“入轨”。这一条最为重要，整个团队群策群力，心往一处想，劲往一处使，克服了恶劣环境条件、家庭、个人等诸多困难，满怀“青山埋忠骨”的豪情，在工作中挥洒热血和汗水。正是由于广大科研人员的无私奉献，“450”工程在闽西站的安装调试和校飞试验均按要求及时完成。在第一次执行发射卫星任务中，450-1 系统提前发现并自动捕获了目标，进行了多次卫星数传试验。

1984 年 4 月 8 日，我国用长征三号运载火箭第二次发射东方红二号试验通信卫星，450-2 系统实时引导 450-1 系统和 155 系统，准确测出卫星飞行轨道，共同完成了我国第一颗地球同步轨道试验通信卫星发射测控任务，我国从而成为世界上少数几个掌握高轨卫星发射、同步定点测控技术的国家，揭开了我国卫星在地球赤道上空占有轨道位置的历史。

微波统一测控系统的研制成功，突破了电子领域诸多新技术，是我国卫星测控网建设中的一个里程碑，它为我国卫星测控网、载人航天测控网的建设，提供了成熟技术和良好基础。

1985 年，试验通信卫星与 450-1 微波统一测控系统获国家科技进步特等奖，450-2 微波超远程引导雷达系统获国家科技进步一等奖。为了表彰张履谦在“450”工程中所做的突出贡献，航天工业部为张履谦记一等功并颁发了奖励证书。

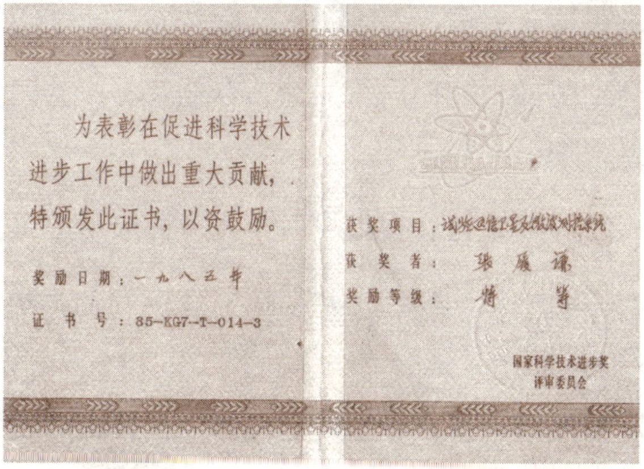

微波统一测控系统荣获国家科技进步特等奖证书

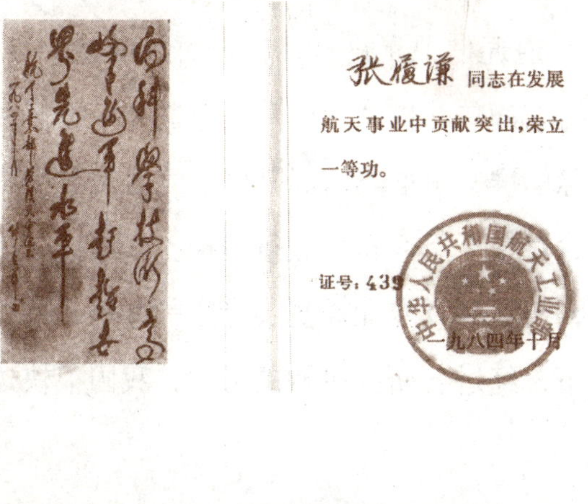

张履谦荣立航天工业部一等功证书

张履谦主持研制的450-1微波统一测控系统圆满成功，标志着我国已建成地球同步通信卫星测控网。卫星测控由星、地协同完成。地面布站构网，卫星上安装收、发终端机，相互协同配合，控制卫星入轨或定点。在我国卫星研制过程中，张履谦参加地面测控站和星上终端机的方案设计评审和有关关键技术攻关。在工作中，他积极推行采用S频段统一测控（USB）体制，要求频率及数传格式与国际接轨。在卫星测控设备研制过程中，张履谦还积极推行卫星数据总线管理技术，提高测控技术的小型化与智能化水平。

20世纪六七十年代，空间技术迅速发展，在国外掀起军民用卫星发展热潮。1980年，中国宇航学会成立了飞行器测控专业委员会，以促进我国空间测控事业的发展。该委员会挂靠在跟踪与通信技术研究所，专业委员会成员都是国内著名光学、电子学方面的空间测量技术专家，有王大珩、陈芳允、沈荣骏和陈炳忠等人，张履谦任专业委员会副主任，他们同行共策，专业互补，共同谋划和推动我国空间测控事业的发展。

我国发射通信卫星之后，国防和经济领域先后提出发射其他多种应用卫星的迫切需求，各种应用卫星已经列入研制规划和计划，在这样的新形势下，完善和改进空间测控网的任务提上了议事日程。

张履谦认真研究国外空间测控网的发展情况，参与制定我国卫星技术的发展规划，在他的头脑中形成了对我国空间测控网建设的基本想法。他认为：我国空间测控网不仅应能对地球同步轨道通信卫星进行测控，而且应能兼容中、低轨道卫星和深空探测器的发射测控与通信；应适应改革开放需要，测控通信体制需与国际兼容、接轨，采用国际标准，争取与国际并网；应研制数据中继卫星，扩大测控覆盖空间，且能同时对多个空间目标进行测控。张履谦的战略眼光及见解，得到了跟踪与通信技术研究所及专业委员会专家的共鸣，取得了高度共识。在我国测控专家的指导下，经过各研究机构的努力，我国很快建立了以USB测控站为主体的空间测控网，发射了数据中继卫星，实现了天基测控。USB测控站继承了微波统一测控系统的成熟技术，将C频段改为S频段，格式与国际兼容，在陆地布站，加上两艘远洋测量船，其测控覆盖范围可达航天器飞行弧段的百分之十几，承担起了我国20世纪80年代至21世纪初各种卫星和飞船的发射测控任务，中继卫星天基测控圆满进行了载人航天测控和遥感卫星的数传。

2010年9月，中国宇航学会飞行器测控专业委员会成立30周年，在其纪念刊物《经天纬地》一书中，将张履谦主持研制的450-1微波统一测控系统喻为我国空间测控技术发展的里程碑式技术装备，将张履谦列为我国空间测控事业建设六个功勋人物（其他五人为王大珩、陈芳允、沈荣骏、魏鸣一、陈炳忠）之一。中国宇航学会飞行器测控专业委员会还制作了有张履谦头像的纪念邮票，以表彰他为中国空间测控事业所作出的贡献。

中国宇航学会飞行器测控专业委员会成立30周年印有张履谦和微波统一测控系统照片的纪念邮票

张履谦

张履谦院士传记

Academician Zhang Luqian's Biography

第七章

领域拓展　璀璨群星

走进科技委，领域拓展，张履谦站在新的高度，为我国卫星事业发展亲力亲为，献计献策，共创璀璨群星的良好局面。

1. 决策咨询　谋划未来发展

1984 年 4 月 8 日，我国第一颗地球静止轨道试验通信卫星发射成功，成为继返回式卫星之后，卫星研制水平迈上新台阶的又一标志，揭开了我国为促进国防现代化建设和国民经济建设而研制各种军民用应用卫星的序幕。

1985 年，张履谦由“450”工程办公室调到航天工业部科学技术委员会（简称“科技委”）担任常委，除继续从事雷达与电子学领域的工作外，还肩负起开拓空间技术领域研究的重任。科技委起着为航天工业部领导提供科学技术咨询决策的作用，张履谦的工作性质由亲自在基层第一线抓科研型号研制，转变成为上级机关进行决策咨询；专业也由原来的雷达和卫星地面测控，扩展到空间技术方面的内容，所处的位置高了，作用和影响也更大了。对张履谦而言，科技委的工作很重要，也很繁忙，既要保证一线型号研制任务的顺利实施和发射成功，又要从事科学技术调查研究，谋划工程型号和航天事业的未来发展，向领导和机关提出决策咨询建议。

之后，航天工业部演变为航空航天工业部、中国航天工业总公司，张履谦先后担任两个机构的科技委常委。1999 年后，中国航天工业总公司一分为二，

1988年，张履谦在航天工业部科技委办公室工作

组建了中国航天科技集团公司和中国航天机电集团公司（后更名为中国航天科工集团公司），张履谦被聘为两个集团公司的科技委顾问。此外，他还先后被聘兼任国防科工委专家咨询委委员，国家国防科工局科技委委员，总装、总参、空军等单位的技术咨询专家或顾问，哈尔滨工业大学、北京航空航天大学、华中理工大学、空军工程大学、国防科技大学等高等院校的兼职教授和博士生导师。

“一线中的二线，二线中的一线”，这是张履谦对自己在科技委工作的定位。航天型号研制工作中的具体工作由型号总指挥和总设计师负责，作为科技委委员或顾问，不承担指挥决策责任，不为型号研制拍板定案，所以不是一线；科技委委员要站在部和集团公司的层面，提出切实可行的决策咨询建议，在评审设计方案时，还要亲自评估计算设计是否有错，并亲自动手调查研究，深入实验室和车间，了解第一手资料，从这点上说，要做一线的工作。

正是基于对自身这样一种定位，张履谦始终本着认真、负责的态度，进行调查研究、指导攻关，提出合理化建议。即便在80多岁高龄，张履谦每年仍有近半时间到各地出差，指导解决型号研制中的关键问题，参加设计方案评审、故障归零，进行调查研究等。几年来，张履谦的足迹遍及上海、西安、成都、酒泉、西昌、太原、哈尔滨、天津等地，几乎把航天各个研究院、所和发射基地都跑遍了。

在科技委担任常委、顾问期间，张履谦为我国早期研制的各种军民用卫星立项、方案评审、技术攻关、故障归零等，做了大量工作。至21世纪初，他参与了10多种30多颗卫星的研制评审和关键技术攻关工作，以及东方红通信卫星、风云气象卫星、对地观测卫星等型号的研制全过程，直至交付使用；主持了海洋卫星有效载荷三计（微波高度计、微波散射计、微波辐射计）和精确定轨方案审查及关键

20世纪80年代，张履谦主持型号方案评审会

技术攻关；领头调查研究，撰写了我国较高水平的卫星调研报告；提出了发展北斗一代导航卫星方案，参加了北斗二代导航卫星论证评审，并为发展我国数据中继卫星，进行国外调研、分析论证，出谋划策；参加了我国载人航天工程和探月工程研制，为测控系统方案制定和技术攻关，做了大量工作。上述这些工作，拓展了雷达技术在航天领域的应用，促进了我国空间技术的发展。

2. 高瞻远瞩　推动卫星通信

我国第一颗试验通信卫星“东方红二号”成功发射后，各省市、各大军区相继建立起点对点通信，各部委也相继建立了多个专业通信网，同时实现了电视信号的全国卫星转播，对我国政治、军事、经济和文化建设，具有十分重要的意义。

要实现卫星在天可靠、持久运转，并不是一件容易的事。

东方红二号通信卫星 02 星上天后不久，卫星信号突然中断，导致地面所有接收站都接收不到电视广播节目，而就在几天前的晚上，国务院总理李鹏还在卫星地面站观看了中央电视台转播的卫星电视节目。

这不是小事！中央领导对此十分重视，社会各方面也都在关注此事。

有人怀疑故障源自于卫星姿态发生改变或漂移。此时，从西安卫星测控中心传来消息，“根据遥测数据判断，是卫星广播电视转发器的行波管发生了故障”。

试验卫星通信工程总设计师任新民十分着急，他亲自出马，分析故障原因。张履谦受领导和机关指派，也火速赶往研制单位，帮助分析转发器行波管故障。通过遥测数据分析，专家们认为行波管故障缘于螺旋电流增大，而后瞬间消失，导致行波管输出不了信号。张履谦认为问题很明显，故障来源于行波管和其电源这两个组件上。

为了尽快核实故障原因，任新民和张履谦亲自到行波管研制单位——中科

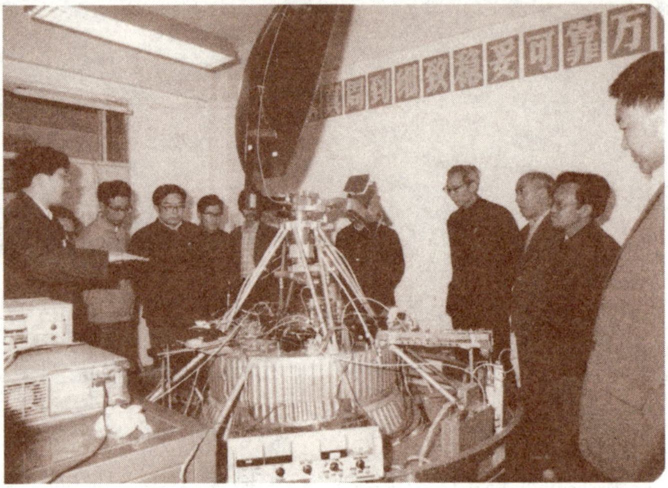

1984年，张履谦（右四）和科研人员在现场研究东方红二号通信卫星故障

院电子所了解行波管设计、生产、工艺等各环节情况，与研制人员一起讨论分析，并安排了进行故障分析的各项试验。

张履谦又和科研局的吴继云同志一起到行波管电源研制和总装单位，了解电源的电路设计、使用元器件、装配和环氧树脂固封工艺，以及出厂检验等数据档案，并安排了故障分析试验工作。张履谦特别强调，研制人员不但要作单机试验，还要把行波管连上，作分系统联试；不但要在地面环境下作试验，还要在真空条件下作环境模拟试验。

试验分析过程十分漫长。张履谦始终牵挂着两个组件的测试分析情况，经常询问科研人员是否查出故障原因。当科研人员找不到头绪时，张履谦便亲自到研究所，指点相关试验。经过两年多的故障分析试验，故障原因终于找出来了，是由一个电源泄放电阻造成的。这个电阻是真空密封型的，在空间工作一定时间后，充气气压外泄，产生真空临界放电，造成行波管螺旋电流增大，电阻烧毁，并最终导致转发器行波管放大器失效。依据故障现象，张履谦与科研人员最终得出定位准确、机理清楚、问题复现、措施有效的归零结论。

看到国家投入巨额资金研制的卫星转发器发生了故障，张履谦十分心痛。他说，东方红二号通信卫星等航天科技产品，代表了国家的科技发展水平，我们在设计和工艺上要加强经验交流，相互学习，对每个部件的设计和交付都要组织评审，杜绝犯别人已经犯过的错误，切忌一人抱一个部件，设计上自作主张、自由发挥，想设计成什么样就设计成什么样，那只能是代表个人的水平，而不能代表国家的最高水平，那样会给我国的航天事业造成巨大的危害。他还深有感触地说，卫星上用的元器件，如电阻、电容、开关、继电器，不过几十元钱或几百元钱，但研制一颗卫星动辄几亿元，凝聚了众多科研人员的心血和汗水，如果由于其中一个元器件发生故障，导致整个卫星失效，这是何等痛心的损失呀！张履谦语重心长地对研制人员说："我们的元器件要提高可靠性，我们在电路设计和元器件选用上，千万不能掉以轻心。"他建议要认真总结电路设计经验，走标准化之路，推广成熟电路的应用。

对这起故障，张履谦总结出两个方面的问题：一是我们对事物的认识仍不够深透，对真空密封电阻在空间环境条件下工作会产生何种效果还认识不透；二是我们对航天领域不认识的事物还很多，这就需要我们仔细钻研分析，认真考虑所有的技术细节，只有把地面上的工作做充分、做透彻、做深入，卫星上天后才不会出现问题。他建议所有科研人员都应深刻吸取这次故障的经验教训。

随着国防建设与国民经济发展的需要，继东方红二号试验通信卫星发射成功后，20 世纪 80 年代末 90 年代初，我国又先后发射了 5 颗东方红二号甲实用通信卫星，除最后一颗未能进入地球静止轨道外，其余卫星均成功定点并投入使用。在经历了“买星还是造星”之争后，国务院又正式批准了航天工业部关于研制中容量东方红三号卫星的方案。

东方红三号卫星是我国新研制的中容量广播通信卫星，采用三轴稳定方式，装有24个C频段转发器，卫星设计工作寿命8年。该卫星纳入中国卫星通信业务系统后，主要用于国内、军内区间电话、数据和电视传输等，极大地缓解了国内通信卫星市场转发器短缺的矛盾。东方红三号卫星在轨运行期间，设计人员精心呵护，日夜监视卫星的电源切换，收集星上数据，随时排除异常情况，使卫星经受住了太阳风暴、流星雨、黑子大爆发等恶劣空间环境的严峻考验，保证了卫星正常运行，同时积累了卫星运行的大量经验，为后续卫星的改进设计、提高可靠性，打下了坚实基础。2000年，我国先后发射的中星22号、鑫诺三号、嫦娥一号、北斗导航卫星等，都采用了东方红三号卫星平台。

张履谦十分赞同引进国外先进卫星技术、积极开展自主研制的方针。他十分关心东方红三号卫星天线、转发器固体放大器（简称“固放”）、太阳能电池三大关键技术，旨在使其尽早实现国产化。

他深知通信卫星天线波束和方向图的设计十分重要，它必须准确地覆盖我国国土面积，卫星天线波束的方向如果超出国界，将对邻国产生干扰；如果在国内产生凹陷，又将产生通信广播的盲区。为此，他始终盯住天线研制厂所，每到天线方向图测试时，总是到现场实地查看第一手数据，并和设计人员共同评估测量数据的可信度，研究赋型天线的设计技术和软件研制。经过不断迭代、仿真、改进和测试，卫星天线研制最终获得了成功。

卫星转发器采用固体放大器，张履谦多次出差到电科院研制单位，积极鼓励研究人员采用国产管研制固体放大器产品。为了尽快突破此技术，张履谦参加了航天系统有关厂所组织的研究团队，自行开展攻关。经过努力，电科院与航天系统组织的团队，均完成了卫星转发器国产化研制任务，固体放大器产品性能指标检测合格。

容量大的转发器，需要容量大的电源，太阳能电池能源转换效率的高低，直接影响到卫星的尺寸和质量。张履谦认为这个问题非常重要，他跑到研制厂所，与研制人员一起讨论电池衬底材料的质量要求和制造工艺的稳定方法，并研讨如何在最大光谱中吸收太阳能，使其光能与电能的转换效率提高。

卫星天线、转发器固体放大器和砷化镓高效太阳能电池的研制成功，为我国进一步研制更大容量、更长寿命通信卫星"东方红四号"，打下了坚实基础，走出了一条我国研制大容量通信卫星的道路。

21 世纪初，随着卫星通信市场的大幅萎缩，卫星通信发展进入了寒冬时期。而地面光纤通信技术得到了快速发展，其大容量、高质量、高保密性通信等独特性，对卫星通信技术提出了巨大的挑战。

如何走出卫星通信发展的低谷，下一步要研制什么样的通信卫星，成为困惑研制人员的问题。

张履谦对发展我国卫星通信的前景十分看好，并抱着坚信不疑的信念。他认为卫星通信具有全覆盖和快速开通的独特优势，是光纤通信所不可比拟的，特别是我国国土辽阔，人口众多，沙漠、山地、海洋面积大，岛屿分散，西北、西南有待开发。因此，发展系列通信卫星，必将具有广阔前景。

早年，张履谦曾撰写了《国外通信卫星和数据通信卫星发展概况》等文章，介绍了国外通信卫星应用发展情况。针对我国发展通信卫星存在的问题，他又再次带领航天工程咨询中心的科研人员撰写《发展我国通信卫星》的研究报告，为国防科工委等领导机关提供决策参考。

2004 年 10 月，在王礼恒院士的倡议下，香山科学会议第 237 次学术研讨会召开。会议的主题是“信息时代的通信卫星与卫星通信”，王礼恒、宋直元、张履谦、朱高峰、屠善澄等院士和专家担任会议执行主席。会议达成了在我国应发展多媒体大容量通信卫星、电视直播卫星、音频卫星、移动通信卫星及其应用等多项共识。张履谦在作会议总结时，对与会专家的观点进行了概述，提出了发展我国通信卫星的建议。

在张履谦看来，任何技术的发展，不外乎有两个方面：一个是需求牵引，另一个是技术推动。发展卫星通信也是一样，在民用需求方面，当今信息社会的人流、物流、金融流、信息流、知识流等非常活跃，其实不仅于此，还有车流、

2004年10月，张履谦参加香山科学会议（前排左起：张履谦、王礼恒、朱高峰、屠善澄）

水流、电（力）流、远程教学、远程医疗等。卫星通信是社会进步的一份推动力，政治、经济、文化各方面的发展和救灾抢险，都离不开通信。在国家安全需求方面，信息化战争发展到远距离打击和空间攻防，战场具有透明化和司令员“面对面”指挥等特点，这对卫星通信提出了很高要求；新形势下的反恐斗争，需要进行大范围的监测，也离不开卫星通信手段。张履谦认为，卫星通信与光纤通信是不同的通信手段，要因地制宜地使用，相互配合，互为补充。积极发展卫星通信，具有重要的战略意义。

为使我国卫星通信事业尽快走出市场应用的低谷，张履谦认为应采取技术创新和体制创新的方针和策略。

一要发展宽带多媒体大容量通信卫星。信号能在星上进行解调、纠错、重构、加密，改变过去透明式转发的工作模式，提高抗干扰能力；采用 ATM（异步传输）技术，能实现异步、多信息源、多路由、多波束、多址分发转接的要求；采用先进通信体制，以适应新一代多媒体互联网宽带通信要求。

二要发展移动卫星通信。我国有广大的山区和沙漠，海洋面积占陆地面积的三分之一，应尽快发展移动通信卫星。第一步研制大型空间可展开天线，发展静止型移动通信卫星；第二步采用星间传输链路，发展多星组网移动通信卫星系统。

三要发展 Ka 或 Ku 频段电视直播卫星。这是提高我国电视广播覆盖率和人民政治、思想、文化水平的迫切需要，也是战场指挥和抢险救灾的迫切需要。

上述这些建议，在我国卫星通信发展低谷时期，为相关领域的科研人员带来了一股暖风，也为卫星通信应用单位带来了信心。

为推进卫星通信应用研究，张履谦在许多场合，呼吁相关部门加强对卫星通信的重视。在一次空间技术研讨论坛上，他就自己对发展卫星通信的建议进行了宣讲，认为卫星通信是研制下一代互联网和构建我国互联网的支撑设备，也是未来全球信息高速公路的重要组成部分，我国应将建立卫星通信空间基础设施纳入国家发展规划。张履谦的建议，得到了许多专家的积极响应。

此后，国防科工委组织多媒体通信卫星论证。受国防科工委系统一司的委托，张履谦主持召开了发展多媒体通信卫星论证会，多次主持多媒体通信卫星方案评审，对需要攻克的技术关键，如多波束卫星天线、星上处理、交换和卫星组网技术，取得了共识，方案付诸实施。移动通信卫星和大功率直播卫星完成了方案论证，研制工作取得了较大进展。

3. 评审排故　把关气象卫星

1960 年，美国发射了第一颗气象卫星。20 世纪八九十年代，农业生产、防灾减灾、生活出行等，对气象预报提出了更高要求。为适应我国国民经济建设和社会发展的需要，20 世纪 80 年代，我国也开始了气象卫星的研制。

我国自行研制的气象卫星，主要有两种类型：一种是极轨气象卫星（又称太阳同步轨道气象卫星），如风云一号气象卫星，其新一代为风云三号气象卫星，它是一种传输型的气象遥感卫星，轨道高度达 900 千米，绕地球南、北极飞行，每天对全球成像一次；另一种是地球静止轨道气象卫星（又称高轨气象卫星），如风云二号气象卫星，其新一代为风云四号气象卫星，定点于东经 105° 、赤道近 36000 千米上空，快速获取白天可见光云图、昼夜红外云图和水气分布图等气象资料，并进行天气图传真广播，每半小时扫描一张半球的气象图像。极轨气象卫星和同步轨道气象卫星相互配合应用，对全球和我国上空气象情况，进行较为实时的有效监测。

张履谦参与了风云一号和风云二号气象卫星研制的全过程。从两颗卫星型号的方案论证，到卫星技术攻关、正样研制，再到出厂评审，以及在轨运行发生问题时的抢救和故障归零等过程中，每一个阶段，都留下了他的足迹。

1985 年，风云一号气象卫星研制工作启动，并列入“七五”期间我国卫星型号发展的重点项目。张履谦最关心的问题是空间环境对卫星电子元器件的影响。空间环境对卫星电子元器件的破坏因素有许多，如空间高低温循环、高真空、各种射线辐照、高能单粒子轰击、空间原子氧侵蚀、地球磁场磁暴等，都会对卫星电子组件及元器件造成破坏。由于风云一号气象卫星轨道穿过地球南、北极的强磁场区，且飞行高度较低，张履谦认为最严重也是最难防范的因素是来自高能单粒子对集成电路的破坏，从而造成电路闩锁和信号翻转，导致集成电路错位或功能失效。这就是单粒子效应。

在首颗风云一号气象卫星设计方案论证时，张履谦和论证组专家详细分析

张履谦在上海举行的风云一号气象卫星方案评审会上（前排左起：任新民、孟执中、张履谦）

了空间环境现状，以及未采取相关防范措施所带来的严重后果，呼吁重视高能粒子对卫星的破坏作用，建议在卫星设计时认真考虑采取防范措施，得到了卫星总设计师孟执中和有关领导的高度重视。研制单位为此专门成立了研究小组，配备了相关人员，召开了多次学术研讨会，研究单粒子效应的影响及防护措施。

为了研究单粒子效应对集成电路的破坏情况，张履谦和卫星研究所的研究人员，携带电路正样产品，在高能电子加速器上进行各种剂量单位的试验，了解其破坏效果。为了研究防护措施，降低单粒子的破坏作用，张履谦又与技术人员一起做了许多电路样品，在高能电子加速器上进行试验验证，通过采取金属板隔离、电源限流、“看门狗”监视、单粒子破坏后电路重构、信道冗余比较等措施，防护单粒子效应对集成电路的破坏。

此外，张履谦还提出了在集成电路上防护单粒子破坏的课题，请半导体器件生产单位共同研究解决。他的思路是采用新材料、新工艺，在电路生产时加上限流电阻，在电路上进行冗余设计……从使用角度提出课题，得到了集成电路生产单位的高度重视。

首颗风云一号气象卫星在轨运行 39 天后，果然发生了单粒子事件，卫星姿态失控，无法正常运转。张履谦心急如火，他四处奔走、出谋划策，积极协助抢救这颗卫星。

研制人员在抢救首颗风云一号气象卫星的过程中，找到了卫星被破坏的部

20世纪80年代，张履谦（左一）与科研人员在卫星有效载荷研制实验室

位和失控机理。在研制第二颗卫星时，他们吸取经验教训，在卫星结构设计上采取合理的屏蔽措施，在电路设计上采用监测、比对、纠错、重构等多种防护手段，将上天前的电子组件放在高能电子加速器中进行多次试验验证，取得了较为明显的效果。

第二颗卫星上天后不久，从用户处传来卫星数传信号微弱的消息，张履谦便和总体组同志又投入到故障查找中。经过检查，发现卫星超短波发射机 EIRP 值（等效全向辐射功率）以及地面站 G/T 值（地面站性能指数，反映地面站接收系统的技术性能指标）都很正常，故障究竟出在哪儿呢？通过对接，张履谦他们发现故障出在天线上——星上发射天线和地面接收天线极化反了，一个是左旋圆极化，另一个是右旋圆极化，导致接收信号微弱。通过调试验证、采取措施，问题得到了圆满解决。

之后，卫星传输图像又出现了异常现象，张履谦应邀参加了故障分析。他和总体组同志从气象卫星的敏感器、超短波发射机、地面接收机，直至图像处理器等各个传输环节，认真分析、计算和试验，最终找到了故障部位，机理清楚、问题复现、措施有效，达到了故障归零的要求。

在风云一号气象卫星研制生产过程中，张履谦经常到总体所密切跟踪卫星研制过程，对卫星技术状态了如指掌。在改进卫星设计时，张履谦和所里的同志一道认真研究提高卫星性能、保证质量、延长工作寿命等问题。为了提高卫星转发器的发射功率、效率，降低传输损耗，张履谦深入发射机研制单位，与科研人员一同研讨发射机的电路设计等相关技术细节。为了提高数据储存容量和快速存取，张履谦还深入存储器研制单位，积极支持年轻科研人员将磁带存储器改型为先进的固态存储器。

20 世纪 80 代末，随着风云一号极轨气象卫星的发射，以及国民经济建设对于气象卫星发展的需求，研制风云二号高轨气象卫星被提上了议事日程，而且越发迫切。

早在 1987 年，张履谦就率领技术考察团东渡日本，考察日本高轨气象卫星和地面站。但在考察过程中，日方却以没有“向日葵”气象卫星实物为由，拒绝让中方人员参观卫星，只准许观摩地面站，参观一些机柜和天线。张履谦反复向日方人员询问天地卫星云图的配准精度和实现方法，日方人员却总是闪烁其辞，不肯告诉技术细节。张履谦想，我们一定要突破这项技术，独立自主地研制出我国自己的高轨气象卫星和地面站，争一口气！

在风云二号高轨气象卫星立项方案评审会上，张履谦担任评委会主任，主持评审工作。会上，卫星总设计师魏钟铨提出继承东方红二号卫星的成熟技术，采用自旋稳定平台，安装中科院上海技术物理所研制的扫描辐射计，研制数传系统，以尽快发

1987年，张履谦（前排右一）率团考察日本气象卫星地面站

射我国自己的地球静止轨道气象卫星。

凭着多年在卫星方面的学习和研究，尤其是有参与东方红二号通信卫星测控通信系统和风云一号气象卫星的研制经验，张履谦对风云二号高轨气象卫星的研制技术有清晰的概念。他十分赞成魏钟铨提出的方案，认为采用自旋稳定平台，可以较快、较省地研制出风云二号高轨气象卫星，走我国自己发展高轨气象卫星的道路，建议评审委员会通过方案评审，尽快启动工程立项。评审会结束后，张履谦又多次到研究所提醒研制人员，要认真突破两项核心关键技术：一是卫星是细长体，要研究克服其自旋时的章动角发散问题；二是遥感器扫描成像机构如何天地一体、精密配准，一定要解决这项关键技术，突破日本人的封锁。

卫星立项后，旋即开展了型号研制。在电子学方面，基于风云一号气象卫星的运行经验，及风云二号高轨气象卫星的技术策略，张履谦十分重视数据传输通道中的三路旋转关节的技术攻关。他深入数据传输系统研制单位，和设计人员就设计与加工问题进行研究，并提出了一系列需要注意的问题，包括微波数据传输链路的理论计算，设计耐高功率、驻波和损耗小、匹配性能好的旋转关节，加工和装配时防止多余，在空间环境下防止高压击穿，在真空罐中进行环境模拟试验，等等。张履谦提出的问题之深、研究之透，令设计人员十分钦佩。

第一颗风云二号高轨气象卫星正样产品研制出来后，被送到西昌卫星发射

张履谦在风云二号高轨气象卫星前留影

中心进行调试。测试数据显示，卫星各项技术指标合格，可以点火升空。不幸的是在最后时刻，因燃料渗漏，卫星发生爆炸后被烧毁。

张履谦参加了故障分析小组，对故障原因进行分析。通过缜密分析研究，张履谦认为在实验室环境下，易产生高压静电，静电打火造成了渗漏的燃料着火爆炸。他建议科研人员进一步研究卫星在实验室环境下产生高压静电的可能性及其强度分布，模拟静电击穿致使渗漏燃料着火爆炸的故障模式。此次故障分析，为下一颗卫星安全调试，提供了质量保证措施。

首颗风云二号高轨气象卫星研制失利，使张履谦心中很不平静。他更加关心第二颗卫星的研制质量，思考卫星可能发生的故障源更深入了，对每一个环节的质量检验更认真了，深入研制单位的次数也更加频繁了。

1997 年 6 月 10 日，第二颗风云二号高轨气象卫星发射升空。虽经不断努力，卫星上天运行 3 个月后，仍然出现了一些故障，只能间歇性地进行工作，每工作 6~8 小时，便会自动停工“休息”。张履谦被紧急抽调到故障分析组，深入研制单位，指导故障归零分析试验。在两周的时间里，他三次往返于北京与西安之间，追溯故障产生的原因。通过大量细致的分析，张履谦等人终于查出卫星故障来源于使用了一个质量不好的可变电容器。

张履谦与风云二号高轨气象卫星研制人员李卿（左一）、许健民（左二）、徐博明（右一）合影

在后续的第三颗、第四颗风云二号高轨气象卫星研制过程中，张履谦始终和卫星总指挥徐博明、总设计师李卿保持密切联系，并和众多科研人员一起，严格认真地开展卫星研制工作。他多次到上海出差，指导故障归零工作，进行转阶段的总结评审，为风云二号各批次高轨气象卫星研制，进行质量把关。

风云二号高轨气象卫星几经周折，终于成功在轨长期稳定工作，其性能指标与可靠性，满足了用户使用要求。高轨气象卫星与极轨气象卫星一道，成为我国长期稳定运行的业务应用卫星，为我国经济建设、国家安全、自然灾害预报，作出了重大贡献，并被世界气象组织列入骨干业务卫星，免费向世界各国提供气象资料，为中国争了光。

风云三号气象卫星是新一代极轨气象卫星，张履谦参与了卫星初步方案研究和设计评审，提出了预先研究课题，指导技术攻关，力求卫星性能、寿命和可靠性有大幅提高。多谱段光学与红外扫描遥感器是气象卫星的核心部件，气象卫星的水平和气象预报的准确率，均与遥感器的性能紧密相关。然而，遥感器研制不是由卫星平台研制单位承担，张履谦便与遥感器研制单位沟通，从天地一体化的设计层次，到具体技术细节，都给予悉心指导。张履谦还参与了卫星正样研制中的故障归零和技术状态确定工作，为风云三号气象卫星的成功发射，进行质量把关，保驾护航。

为了提高气象测量与预报质量，针对风云三号气象卫星尚有改进之处，张履谦积极建议开展太赫兹频段攻关工作，如何使我国气象卫星的性能指标尽快赶上和超过欧洲和美国的先进水平。

如今，耄耋之年的张履谦的脚步并未停歇，他为新一代风云四号高轨气象卫星技术提供指导，推动技术攻关。风云四号高轨气象卫星采用成熟的三轴稳定卫星平台，可以配置更多的气象遥感器，具有可扩展性。张履谦认为，在风云四号高轨气象卫星上，应配置高精度测雨雷达微波遥感器，以便准确预报洪涝灾害。在气象测量中，雷达与激光不同，对云雨有穿透性；雷达与辐射器也不同，能获取云雨的垂直廓线，用雷达测量云雨，是其他遥感器所不能替代的。

在国防科工局的领导下，张履谦参加了国内两个科研单位测雨雷达的方案评审，指导样机研制。该雷达采用两个工作频段，使用面阵相控天线及电平标校设备，两个测量数据相互修正，经飞机校飞验证，可较好地测出云雨垂直廓线，精确计算雨量。在样机研制的基础上，张履谦又提出卫星空间环境适应性要求，建议研制单位进一步改进设计，为精确测量降水量和预报洪涝灾害提供服务。

4. 全程参与　促建卫星导航

早在 1974 年中国电子学会年会上，张履谦在专题报告中就建议我国及早发展卫星导航技术。他认为发展卫星导航，对国防建设、国民经济发展，以及人民日常生活，都有着极为重要的意义。

1979年，张履谦在“450”工程办公室工作时，与我国“两弹一星”功勋奖章获得者陈芳允同在一个办公室，他们除共同研究我国第一颗地球静止轨道试验通信卫星测控技术问题外，还经常探讨交流如何发展我国导航定位卫星，意见十分相投。

1983年，陈芳允参加国际宇航联（IAF）会议后回国，向张履谦讲述了美国采用双星定位原理，研制火车定位调度指挥系统的计划，指出如果采用双星定位原理，加上简短的报文通信，我国可以很快实现区域性的导航定位通信。

张履谦十分赞成陈芳允的想法，他补充说，我们可用东方红二号卫星平台，研制两颗卫星，在卫星上安装一副宽波束天线，采用450-1微波统一测控系统C频段收发设备进行导航信息交换，再在地面配上计算机，研制用户终端，即可很快实现双星定位功能。

第二天一上班，张履谦便拿着自己初步设计、计算出的结果，去找陈芳允商量。他设计了卫星天线口径尺寸，估算了可能获得的等效全向辐射功率，计算出地面终端接收增益/噪声指标，给出了星地上行和下行链路传输增益数据。陈芳允认为这个方案是可以实现的，并补充了采用伪码调制来增加链路增益的措施。此方案又经多次商讨和征求意见，最终形成了北斗一号卫星导航系统的概念设计。

双星定位方案得到了北京跟踪与通信技术研究所的支持，他们在东方红二号卫星上进行了链路增益试验验证，证明方案可行。航天有关单位对卫星及其天线研制进行了初步设计。总参测绘局在卜庆君局长的领导下，多次组织了有使用、研制、发射、测控等方面人员参加的方案论证审查，取得了共识，通过了双星定位和通信系统方案评审。1994 年，双星定位与通信系统研制，由国务院和中央军委批准立项，被命名为"北斗导航试验卫星工程"。

张履谦参加了北斗一号导航试验卫星各阶段研制工作评审，为卫星研制技术把关。他还前往武汉、兰州等地考察，指导导航卫星核心装置——原子钟的研制工作。

2000 年 10 月 31 日和 12 月 21 日，第一颗、第二颗北斗一号卫星先后被送入太空。2003 年 5 月 25 日，第三颗北斗一号卫星发射定点成功，但地面站调试却出现了星地时间不同步的重大问题，不解决这个问题，系统便无法精确定位。张履谦被任命为北斗一号卫星地面站故障排除组组长，经过努力，他和李力田等同志迅速解决了天地相互影响的复杂难题。同年 12 月，北斗一号卫星导航系统开通并投入试用。

1994年，张履谦（右一）在北斗一号卫星方案论证会上

张履谦（前排右五）和陈芳允（前排左四）参加北斗一号卫星方案论证会

北斗一号卫星投入运行，标志着我国成为继美国全球定位系统（GPS）和俄罗斯格洛纳斯（GLONASS）之后第三个拥有卫星导航系统的国家。我国卫星导航系统还兼有简短报文通信功能，这在其他导航系统中是没有的，具有鲜明的中国特色。

卫星系统是一项天基的基础设施，要发挥其效益，必须推广地面应用。在东方红卫星发射成功时，张履谦就认为卫星是一项“投资在天、效益在地”的产业。北斗一号卫星导航系统开通后，按照其寿命和成本估算，空间运行成本每天需要近 200 万元。看到此情景，张履谦内心十分不安：卫星终端手持机和车载机的价格昂贵、质量体积大，推广使用有困难；北斗卫星导航在我国是一件新事物，推广不够，优越性尚不为多数人所知；卫星系统对民用开放的程度还不够，需要国家给予政策支持。张履谦协同用户部门，提出手持机及车载机等终端技术指标要求，发布使用指南，在国内有关厂所和研制单位进行研制招标，在很短的时间内，国内便生产出多种样机。张履谦主持了选型评审和规范品种工作，又同吴继云到海南地区研究将北斗卫星导航系统应用到渔业生产之中，树立起一个应用示范工程。

2004年11月，北斗卫星导航系统应用研讨会在海南召开。张履谦在会上作了题为《快速发展我国卫星导航应用》的主题报告。报告介绍了北斗导航卫星的定位原理和应用领域，并提出拓展卫星应用的五条建议：研制轻型、廉价、好用的接收机，广泛宣传导航定位卫星应用；在国内选择优势单位，开展导航定位应用示范系统；积极推广军事使用，放宽民用政策；国家支持开发国产芯片，建立有自主知识产权的终端机生产线；技术创新，采用新技术，研制小型能源，提高发射机功率和效率，进一步研制出好终端，拓展导航卫星应用领域。张履谦的这些建议，引起了有关领导的高度重视，也得到了应用单位的热烈响应。继此次会议后，北斗卫星导航系统应用研讨会每年召开一次，参加单位有数十个，人数达一二百人，效果很好，面向社会推广了北斗卫星导航系统。张履谦还建议将会议的情况和会上所提建议，及时向国务院和国家发改委报告，以求得到上级支持。他与10多位院士共同联名上书温家宝总理，建议迅速发展北斗卫星导航系统应用，温家宝总理立即对此作了批复。

2004年11月，张履谦（右二）在北斗卫星导航系统应用研讨会上

2004年11月，张履谦（前排右八）参加北斗卫星导航系统应用研讨会

2008年5月12日，四川汶川发生大地震，全国各族人民立即投入到抢险救灾的工作中。在此期间，北斗一号卫星在危急时刻，及时提供了导航、定位、通信等服务，保障了抢险救灾工作的顺利开展，应用效果很好，受到了中央领导同志的表扬。

基于北斗一号卫星导航系统方案评审和技术攻关工作，张履谦被聘为国务院北斗二代卫星导航系统专项论证评审委员会技术专家。他对北斗二代卫星导航系统的设计方案和实施规划总放心不下，自己又在办公室进行信道计算和复核，十分认真。他还不辞辛劳，到兰州铷钟研制单位，检查铷钟生产质量，勉励研制人员研制出国产原子钟，以替代国外产品。他说我们一定要自力更生，要有自己的核

心技术，不能受制于人。他还多次到集成电路研制单位了解情况，帮助解决问题，使北斗二代导航卫星用上国产的集成电路。

在总体设计中，张履谦十分重视系统的抗干扰问题，提出在空间段采用高功率发射、改变编码等新技术，在地面终端采用空间滤波、自适应接收等措施，以提高抗干扰性能。

至2012年年底，我国北斗卫星导航系统第二步工程已建成组网，可提供区域性导航定位服务，其定位精度可达重点地区几米，其他大部分地区精度小于20米，高程精度小于20米；测速精度优于0.2米/秒；授时精度可达单向优于50纳秒，双向优于10纳秒；短报文通信服务功能能保证我国及周边地区具备120个/次汉字的短信息交换能力。看到我国北斗卫星导航系统建设不断取得新成就，张履谦心里殊感快慰。

5. 专业顾问　咨询雷达卫星

张履谦长期从事雷达技术开拓与发展研究工作，对国际雷达研究新动向始终保持高度的注意力。在不断学习跟踪国外先进技术的同时，结合我国实际，不断开拓具有我国特色的雷达技术体系。

20世纪六七十年代，国际上出现了合成孔径雷达，提出了雷达成像的新概念和新体制。获悉这一新技术动向后，张履谦十分重视，并一直跟踪新技术进展情况。

1988 年，张履谦参加了在芬兰举行的国际空间科学会议及其展览会，看到了法国正在研制的 ERS-1 合成孔径雷达卫星展示，他和法国专家们就这种卫星设计的新理念和特色应用功能，讨论了近 4 个小时。法国专家还特意送给他一幅图，图上绘制了一个圆形抛物面天线，天线里放了一个地球，地球只有三分之一天线口面大。法国专家说，合成孔径雷达天线沿卫星轨道飞行，综合处理其飞行过程中的诸多回波信息，从而等效于一个特大型口径天线，天线口面可以设计成等效于 3 个地球的直径。张履谦对这次讨论印象十分深刻，对合成孔径雷达的设计和应用，有了更加深刻的感性认识。

在 1990 年荷兰海牙和 1992 年德国汉堡举行的国际空间科学会议上，张履谦终于看到了合成孔径雷达对地面和森林地带的成像。从图像上看，雷达甚至能分辨出地面电力输电网中的金属电线，还能分辨出在森林中活动的猴子。张履谦立刻意识到这种雷达在军事、国民经济领域有着巨大的应用潜力，他暗下决心，一定要尽快发展我国自主的合成孔径雷达技术，并开拓其应用，不能老是跟在外国人后面学习。

1988年，张履谦参加在芬兰举行的国际空间科学会议

1989年，国家863计划将星载合成孔径雷达及其成像处理技术专题列入主题研究项目，并成立了专家组，魏钟铨为首席专家，张履谦为顾问。经过多次研讨会学术交流和近10年的基础研究与技术攻关，1999年，我国合成孔径雷达卫星获得批准立项，并作为卫星型号研制。

在雷达卫星研制初期，在应当如何拟定雷达卫星初始目标和阶段目标问题上，张履谦根据我国国情和技术发展趋势，建议走循序渐进的道路：先满足一般分辨率要求，再搞高分辨率；先搞单频单极化，后上多频多极化；先搞扫描型，后搞凝视和干涉型。他的这一建议与卫星总设计师魏钟铨的意见不谋而合，两人心往一处想，志同道合，上下沟通，形成合力，使我国雷达卫星在后期研究中少走了许多弯路，很快走出一条中国发展雷达卫星的宽敞大道。

为保险起见，在雷达卫星研制之初，上级领导制定了两个研制方案：一是采用863计划的L频段，基于自主设计，突破合成孔径雷达的关键技术，并研制原理样机；二是采用C频段，开展国际合作，研制样机。在确定研制型号时，基于L频段的合成孔径雷达已突破了关键技术，并成功研制了原理样机；而基于C频段的合成孔径雷达，还在进行技术攻关。到底是上L频段雷达，还是上C频段雷达，成为当时争论的焦点。

面对各方面意见，张履谦进行了缜密的分析。他认为，C频段合成孔径雷达虽可吸取国外先进技术，但需要一个攻关和研制过程，有受制于人的风险；而863计划的L频段合成孔径雷达已经突破了关键技术，原理样机也已研制成功。本着立足于国内的原则，基于L频段的合成孔径雷达具有自主知识产权，风险也较小，我们应使研究成果尽快转化为生产力，相信中国的技术专家能研制出自己的雷达卫星。张履谦的这一咨询建议与用户产生了共鸣，也得到了领导机关的认可，L频段合成孔径雷达卫星方案最终获得国家批准立项。

研制雷达卫星的关键是什么？哪些是重点？由于缺乏研制雷达卫星的经验，

卫星总体组对这些问题把握不准。作为专家组顾问，张履谦与总体组反复研究，并帮助理顺研制步骤，根据国内外雷达研制工作的经验、教训，以及我们的技术薄弱环节，与研制人员共同探讨并确定了可展开天线、微波收/发组件、数传天线与数据压缩、空间微放电等重点项目，作为技术攻关的重中之重。

作为专家组顾问，张履谦对卫星研制是心之所系，一点不敢马虎。虽然不是一线工作，却要求张履谦对卫星研制质量把关，尽量降低研制风险。张履谦整天思考着关键技术能否彻底突破、整星研制有无颠覆性问题。他多次深入研制单位，亲眼观看试验，查阅第一手资料，还亲自计算和复核关键数据。

张履谦在各种场合多次提出要保证微波收/发组件的相位和幅度性能的一致性与稳定性，他说："雷达波束的指向是依靠控制每个天线单元的相位和幅度而形成的，如果众多单元的相位和幅度一致性和稳定性不好，波束就控制不成'型'。"他的话语打动了每一个人，研制人员认真做好在空间环境条件下使用的热设计，在地面进行高低温循环模拟热试验，保证了雷达卫星天线在太空工作的准确性。

张履谦非常关切地指出，要吸取国外雷达卫星天线上天不能展开的教训，我国雷达卫星在上天之前，一定要在真空环境中进行天线展开的环境模拟试验。

张履谦还十分重视合成孔径雷达卫星的成像质量，建议进行天地一体化闭环综合研究，把平台运动影响、回波动态控制、电波传播影响等因素，无一遗漏地考虑进去。有关接收机自适应增益控制的每一次会议，他都挤出时间参加，并与专家们共商妥善解决有关成像质量的重要问题。

在我国雷达卫星研制发展的 17 年中，张履谦一直跟踪攻关和研制工作，从雷达成像理论研究到样机技术攻关，从型号方案设计到关键指标论证，从重大关键技术突破到整机集成，从研制节点审定到样机验收出厂，都一次不漏地参加，并在频率选择、研制途径、国际合作、质量把关等重大问题上，积极提出咨询建议。哪里有问题，张履谦就跑向哪里。从雷达卫星关键技术攻关、核心元器件研制，到卫星总装调试、出厂审查，处处留下了张履谦的身影，与他共事的科研人员，无不说他是一个经验丰富的好参谋。

2006 年 4 月 27 日，雷达卫星发射成功，运行稳定，图像质量良好，分辨率等主要技术指标达到国际先进水平，填补了我国没有全天候、全天时空间对地遥感手段的空白，我国卫星遥感技术迈入了新的发展阶段。

合成孔径雷达卫星

6. 调研关键　发展中继卫星

2008年4月25日，我国数据中继卫星——天链一号01星发射升空，并于2008年9月在神舟七号载人飞船飞行期间，成功地与飞船进行了数据中继通信试验，在我国地面站测控覆盖区外，实现了与飞船的通信联络。天链一号01星的研制成功，标志着我国卫星技术上了一个新台阶，填补了我国卫星领域的又一个空白。

数据中继卫星的发射和定点成功，意味着中国航天器开始拥有天上数据“中转站”，它不仅可使我国航天测控网覆盖率大幅提升，提高地面测控指挥的决策效率，同时还将增强星地数据传输和航天器测控的实时性，有效降低航天器的运行风险，尤其对航天器出现异常情况时及时实施故障分析和太空抢救，具有重要意义。

以布置一颗数据中继卫星为例，能使我国空间测控覆盖率由陆、海布站约13%提高到60%。如果在赤道上空相隔120°布置2颗数据中继卫星，空间测控覆盖率将增至85%；如果布置3颗数据中继卫星，空间测控覆盖率将达到100%。

数据中继卫星享有“卫星的卫星”之誉，通过数据中继卫星使资源卫星、环境监测卫星、海洋卫星等测量数据实时下传，可为重大自然灾害的防范和救援，赢得更多的宝贵时间。数据中继卫星还可在航天员出舱活动、航天器交会对接、空间站运行等过程中，为地面实时控制指挥提供帮助。

张履谦早在1985年于秦皇岛召开的我国载人航天与空间站会议上，就发展我国数据中继卫星问题，提出了相关论述。他认为我国载人航天空间测控，早期可以通过地面建站组网，节点弧段出船测控由地基测控网完成；后期建立空间站，航天员出舱活动，必须扩展测控弧段，建立有中继卫星参与的天地基统一测控网。

1990年，张履谦等人撰写了《关于我国应用卫星提高研制水平的研究报告》，将发展我国中继卫星列入卫星发展型谱。报告进一步指出，中继卫星研制可以采用东方红三号卫星作为平台，自行研制卫星有效载荷，以快速发展我国数据中继卫星系统。

我国发展数据中继卫星，究竟应该通过什么样的技术途径、需要攻克哪些关键技术、国外有哪些经验教训可以借鉴，张履谦对这些问题冥思苦想。他积极关注国外在数据中继卫星方面取得的进展，考察了许多国家，并且开展了相关关键技术的探讨。

每次出国参加国际学术会议和考察调研，张履谦都将其看作事关中国航天事业发展的重要机遇，本着认真学习的态度，不敢有丝毫松懈。考察回国后，张履谦立即将情报资料整理成文字，认真总结分析，发表了多篇出国考察报告。他还结合我国国情，提出自己的见解，送交有关机关和领导。20世纪90年代，张履谦先后发表了《我国发展数据通信卫星技术途径研究》《美国军用电子及雷达、通信卫星技术的发展动向》《国外通信卫星和数据通信卫星发展概况》《发展我国数据中继卫星系统技术途径的研究》《美国中继卫星的星体结构与有效载荷》《数据中继卫星的设计与研制》等多篇咨询建议性技术论文，并在中国宇航学会测控年会及航天领域有关专家参加的学术会议上作报告，积极宣传、多方建议和促进我国数据中继卫星的发展，他的这些技术论文同时也为我国数据中继卫星研制人员提供了有益的参考资料。

经过对国外多次考察和与国外专家的技术交流，张履谦看到美国、欧洲、日本在发展数据中继卫星过程中有成功的经验，也有失败的教训，他认为这些经验教训值得我们借鉴。归纳起来有四个方面：一是数据中继卫星的研制应有明确、适当的应用对象和任务需求。国外在进行数据中继卫星研制时，开始时的应用对象和任务并不是很明确，认为卫星可以用作航天测控和数据中继，但实践表明，数据中继的业务应用很繁忙，测控任务比重不大，原设计规划的用户量小，不能满足多用户要求。二是数据中继卫星数据传输速率太低。由于遥感卫星分辨率不断提高，数据量猛增，使数据中继卫星刚投入使用，就不能满足用户需求。三是卫星系统的建设必须遵循科学规律。由于数据中继卫星研制技术复杂，费用高昂，研制周期较长，一定要做到技术攻关到位，天地同步开展。日本与欧洲空间局发射数据中继卫星，就严格遵循了按科学规律办事的原则。四是要进行适当的国际合作。数据中继卫星的研制技术难度大，且为全球组网，我们应多方开展国际合作，在频率规划和数据格式方面采用兼容体制，在资源共享的基础上保持数据传输的保密性。

张履谦在《发展我国数据中继卫星系统技术途径的研究》一文中写到：

关于建立我国数据中继卫星系统的目的、任务，首先应满足载人航天的需要。工程第一步，航天员不出舱，可以采用陆地设站、海洋布船的方案来完成测控任务。工程第二步，要完成航天器交会对接、变轨、留轨等测控任务，必须布设 1 颗或 2 颗数据中继卫星，才能完成连续测控任务，应在 2000 年前启动立项。

关于数据中继卫星系统发展途径，应走基本型、分步走的道路。要搞好顶层设计，确定基本型，攻克搭载试验关键技术，由发射 1 颗星到发射多颗星，从直接下传到星间组网，分步骤实现我国多个空间飞行器测控和多种对地观测卫星数据传输任务的需要，逐步构建空基、地基一体化的测控网和对地观测卫星资源共享的数据传输网。

关于我国数据中继卫星的设计方案和技术指标，建议根据我国发展需要，用户星以 4 个至 6 个为宜，使用 S 和 Ka 频段，数据传输速率为 300Mbit/s，采用 CCSDS 国际标准，争取国际合作，并保持相对独立性。可采用东方红三号卫星三轴稳定平台，功率为 1.5 千瓦。

张履谦的这些构思与建议，形成了后来我国发展数据中继卫星的基本设计理念。

张履谦在提出发展我国数据中继卫星系统技术途径之后，接着前往美国参加国际空间大会，与美国技术专家交流研制卫星的关键技术，并且考察了 TRW 公司。在返回旅途中，他对研制数据中继卫星的关键技术进行了整理，形成了构思，回国后立即向部领导进行了汇报，与研制单位进行了交流，并撰写了《美国中继卫星的星体结构与有效载荷》出国考察报告。

美国第一颗数据中继卫星有效载荷非常复杂，特别是其单址目标天线是一个 4.9 米的可展开抛物面天线，用柔性轻型钼丝编织成网、18 个石墨纤维加强塑料骨架支撑，工作于 Ka/S 双频段，采用电机驱动在空中展开，其型面误差小于 1 毫米;S 波段的多址天线为 30 个单元的相控阵天线，由地面控制波束成型；抛物面形的空地天线为 Ka 频段，有 5 个馈源，多个指向，直径 2 米，型面误差 0.25 毫米。张履谦认为我国发展数据中继卫星基础薄弱，必须学习国外先进技术，攻克众多关键技术，才能立项开展中继卫星系统建设。为此，他提出了在九个方面开展技术攻关的建议:Ka/S 频段单址目标天线;Ka 频段卫星转发器;S 频段多址相控阵天线;S 频段卫星转发器；高速率数据传输技术；数据压缩技术；窄波束天线捕获和精密跟踪技术；卫星平台设计技术；星间链路技术。

张履谦对研制我国数据中继卫星满怀希望和信心，他与国内同行专家在昆明学术研讨会上交换意见，到西安天线专业研究所作调查研究，到成都和南京的相关研究所了解我国微波技术发展现状，得到了他们的普遍支持，并在 863 项目中安排了技术攻关课题。

2008年4月25日，天链一号01星发射成功，并在神舟七号飞行任务中验证、突破了高动态条件下的天基测控和数据中继技术。2011年7月11日，天链一号02星成功发射并与01星组网运行，在天宫一号与神舟八号、神舟九号飞船交会对接任务中发挥了重要作用。2012年7月25日，天链一号03星发射升空，并成功进入太空预定轨道，实现了我国数据中继卫星全球组网运行，标志着中国第一代数据中继卫星系统正式建成。

天链一号数据中继卫星系统的建成与运行，大幅提高了对载人飞船的测控能力，可以实时监测飞船工作状况，及时发现故障并进行抢救，为载人航天飞行任务保驾护航。

7. 亲力亲为　护航资源卫星

20世纪80年代，随着国民经济建设的不断发展，研制地球资源卫星被提上了议事日程。

地球资源卫星是用于对地球观测和研究自然资源与环境的卫星，用来探测普查陆地、海洋资源，以及矿产与农林作物，预报各种严重的自然灾害，甚至延伸到国土利用和环境保护等方面。

地球资源卫星的工作原理是利用卫星上装载的多光谱遥感设备，获取地面物体辐射或反射的多种频段电磁波信息，再把这些信息发送给地面站。由于每种物体在不同光谱下的反射特征不同，接收到卫星信号后，地面站即可根据所掌握的各类物质的波谱特性，对信息进行处理、判读和分析，从而得到各类资源特征、分布和状态等详细资料，免去人力四处奔波、实地勘测的辛苦，提高工作效率。

1987年，我国开始进行地球资源卫星研制方案的可行性论证。1999年10月14日，在太原卫星发射中心，长征四号乙火箭将中国和巴西合作研制的第一颗地球资源卫星送入轨道，建立了正常的轨道运行工作状态。

中巴地球资源卫星装载了五谱段CCD相机、四谱段红外扫描仪和二谱段宽视场成像仪，还有数据收集和空间环境监测设备，具有20米、80米、160米、256米四种不同空间分辨率的应用特性，均属国内首次研制。卫星采用自行设计的三轴稳定卫星平台，包括结构、热控、姿控、轨控、电源、数传等分系统，对姿控和轨控有较严格的要求，采用太阳能和蓄电池供电，设计难度很大。张履谦在方案评审之前数星期，就对设计中的分析计算和数据进行了审查，并与研制人员一起研究其中的关键问题和解决途径，从而在方案评审会上，提出了切实可行的建议。

中巴地球资源卫星上装载的CCD相机和红外扫描仪是最为关键的两个有效载荷，除相机研制外，主要是解决CCD敏感器件和红外敏感器件，前者采用3块CCD器件拼接成6000元线阵，可以在国际市场上买到，而后者的研制难度大，又受到美国禁运，只能靠自己发奋图强、独立自主地研制。

张履谦积极倡议自力更生、自行研制红外敏感器件。当时在我国只有中科院上海技术物理所、天津8358所和另外两个分别在北京和昆明的单位，能够进行红外器件的研制。针对红外器件的研制问题，张履谦和中国空间技术研究院王和忠副院长等人，亲临上述各单位进行调研。他们亲自到研制单位的器件烧结车间，调查材料来源、质量检测、配方比例、炉温控制与烧结时间，以及加工过程中所需的工艺、设施，根据各研制单位的技术水平和已生产产品的性能，将4个红外敏感器件的研制任务进行了安排落实，并组织有关人员跟班生产，最终使红外敏感器件的研制性能满足了装星产品的要求，摆脱了受制于人的局面。

张履谦还参加了两个有效载荷的技术质量把关工作。空间环境变化对高精密的有效载荷来说十分重要，张履谦多次到研制单位了解热设计情况，查阅真空热循环试验数据。CCD芯片拼接，对成像质量有着直接影响。张履谦亲临实验室调研，检查拼接质量。对红外敏感器件的制冷、相机的精密装调、信号通道的电磁兼容性等诸多研制关键问题，张履谦都仔细过问，查看数据。在一些故障归零和阶段工作评审中，张履谦也都认真参与，为卫星成功发射“保驾护航”。

中巴地球资源卫星研制具有一定的探索、试验、研究性质，首次发射便取得成功并获得了大量的数据图像，为我国开展后续型号研制、开发数据图像应用，打下了良好基础。

为了制作出定量数据的遥感图像，供国家有关

2002年9月，张履谦（前排右五）参加卫星地面标校场验收评审会

部门正确决策，解决地球资源卫星数据应用问题，必须建立一个卫星地面标校场，用来校准星上敏感器件的性能。

建立卫星标校场，本是一件与卫星上天配套的任务项目，但由于地球资源卫星已经上天很久，而这一项目的基础性工作却一直未能得到落实，标校场的建设迟迟未能启动，从而影响了卫星图像的处理和应用。

得知这一情况后，张履谦会同陈述彭院士共同研究选址、征地、基建、仪表、管理等诸多问题，并在许多场合主动汇报、提请上级重视，积极呼吁有关部门给予尽快解决落实。张履谦还和陈述彭研究编写了标校场的设计任务书，建议优选地址，召开研讨会评审，积极推动这一基础性工作的开展。

经过张履谦等人的积极努力，我国地球资源卫星标校场最终得以建设并投入使用。经专家评审，各项性能指标满足要求。地球资源卫星获得的数据图像经标校场标定和定量分析，其可信度大为提高，成为领导决策的依据。事后，中国资源卫星应用中心的同志们说，当时他们对建立标校场几乎失去了信心，

如果没有张履谦和陈述彭等院士们的努力，恐怕卫星获得的大量数据和图像只能存放在档案柜中，宝贵的资料不仅得不到及时应用，还将造成巨大的浪费。

8. 跟踪先进　攻关海洋卫星

20 世纪末，张履谦看到这样一个现实：我国海洋面积约为 300 万平方千米，接近于陆地面积的三分之一，然而我国实际控制的海洋面积却不到 100 万平方千米；我国海洋上超过 1 平方千米的有 6500 多个岛屿，不少岛屿被其他国家占领；全国每年数以万亿美元计的进出口贸易，有 90% 以上是通过海洋运输进行的；海洋为我们提供了丰富的食物、能源、交通等资源；台风、巨浪，每年也为我们带来上千亿元的损失。因此，保卫海洋领土主权、保证海上交通畅通、开发海洋资源、研究海洋环境和防止海洋灾害，是我国迫切需要解决的问题。

多年来，张履谦十分关心我国海洋卫星的发展，他积极寻找资料，获知美国早在 1978 年就发射了世界上第一颗海洋卫星，卫星上装有雷达高度计、微波散射计、多通道微波扫描辐射计、可见光和红外扫描辐射计、合成孔径雷达，可以获得海岸线分布、岛屿、舰船、浪高、风速、海面温度、海冰等资料。为此，他专心思考海洋卫星的工作原理和技术方案，积极向有关部门建议我国应先安排卫星有效载荷的预研工作，选择成熟的卫星平台，发展我国海洋卫星，同时积极向用户和国防科工委建议尽早立项，得到了国家重视和上级领导的支持。1992 年，国防科工委组织队伍，攻关海洋卫星关键技术，并委托张履谦主抓海洋二号卫星有效载荷三个微波遥感计（微波散射计、微波辐射计、微波高度计）和卫星精密定轨技术的预研项目。具体来说，微波散射计是主动式的遥感器，用来估测海洋风场的方向和大小；微波辐射计能测量海面温度、海水分布，是被动式的遥感器；微波高度计用来测量海面至卫星的星下点距离，为测量海洋水准面和海浪大小提供数据。将以上三“计”安装在卫星上，辅以可见光和红外扫描辐射计（或合成孔径雷达）测得的海岸、岛屿、云、雨图像，即可实现对海洋的观测。

1994年，张履谦在德国汉堡国际空间科学会议上，了解到美国和欧洲空间局使用海洋卫星进行海洋科学研究的国际动态，使用卫星上的微波散射计、微波辐射计、微波高度计等仪器，获取海面风场、海面浪场、大洋环流、海洋风暴、海面高度、海面温度等海洋参数，以及使用卫星上的可见光和红外扫描辐射计，获取水色、水温、叶绿素、悬浮泥沙、海洋污染等海上资料。在国际空间科学会议上，张履谦了解了卫星遥感器设计的技术指标和精度要求，看到获得的数据反演图像，更增强了他进行技术攻关的信心。

回国后，他马不停蹄地频繁出入研究单位，指导三“计”的技术攻关工作。最终，两个研制单位均完成了样机研制，成功进行了地面环境模拟试验，圆满地通过了国防科工委的任务验收，为海洋卫星立项奠定了基础。

海洋卫星的精密定轨技术，关系到对海况的测量和预报精度，国外海洋定轨精度已达到了厘米级，而我国当时还处于百米量级，差距极大。张履谦意识到没有新体制、新概念和测量手段上的创新，不可能缩小与国际先进水平的差距。在那次学术会议上，他还与美国、法国的精密定轨专家一起深入研究海洋卫星精密定轨方法，并讨论了激光测量及GPS等方案的比较。回国后，张履谦利用参会所掌握的资料和信息，撰写了《中低轨道卫星精密定轨的最新水平》《卫星轨道精密测定技术的最新进展》等专题学术论文，为我国海洋卫星精密定轨技术攻关，提供了重要的参考资料。

2006年，海洋卫星有效载荷三“计”一“定”技术攻关圆满完成，满足了用户使用指标要求，得到了领导机关的批准。不久，我国海洋卫星获得立项，开始了工程研制。

为了更好地开展卫星技术的预研工作，国防科工委决定将光通信技术搭载在海洋卫星上进行科研试验。而我国的卫星光通信工作，一直是在张履谦的支持和指导下开展和进行的。

早在20世纪七八十年代，国外就已开展了卫星光通信试验。光通信用作星间通信和卫星数据传输，可极大地提高通信容量和质量，以解决高分辨率卫星遥感数据传输的高速率要求，是卫星数传的一个重要研究课题。

哈尔滨工业大学谭立英教授和马晶教授，多年来跟踪国外先进技术，坚持开展我国卫星光通信研究。他们以极大的毅力和决心，克服了技术、经济等重重困难，坚持不懈地努力，终于研制出光通信终端原理样机，进行了地面试验，取得了较满意的结果。国防科工委决定将其做成工程样机，搭载到海洋卫星上进行科学试验。

哈尔滨工业大学在光通信攻关过程中，聘请张履谦作为技术顾问。张履谦对光通信用于空间抱有坚定的信心。他多次去哈尔滨工业大学实验室考察，多次听取研制情况汇报，多次参加研制设备评审。他广泛阅读国外相关资料，并进行分析研究，对光通信捕获、跟踪、瞄准方案，方位精度标校，瞄准误差分解，卫星姿态、章动和其他有效载荷对跟踪瞄准的影响，光学系统受空间高、低温环境的影响，外界杂散光的干扰，以及大气衰减和误码率的测定与评估等问题，提出了许多建设性的咨询意见。

2011 年 8 月 16 日 6 时 57 分，海洋二号卫星在太原卫星发射中心由长征四号乙运载火箭发射成功，经在轨测试，三“计”及其他遥感仪器工作正常，性能稳定，各项技术指标达到设计要求。卫星运行期间，获得了有关岛屿的海域图像，预报了海洋风暴，及时监测到台风的生成和发展过程，并确定了台风强度、位置、方向、结构和移动路径、速度等要素，成为应对台风灾害直接有而效的监测手段。从 2011 年 10 月 1 日全部载荷开始工作起，卫星已陆续观测到 2011 年“榕树”、“天鹰”台风和 2012 年“帕卡”、“珊瑚”、“玛娃”、“古超”、“泰利”、“杜苏芮”、“卡努”、“韦森特”、“苏拉”、“达维”、“海葵”等台风，并向海洋预报单位和防灾管理部门及时提供了海面温度、海面风场、有效波高等数据产品的监测专题图，为应对和防范台风等灾害，发挥了重要作用。

海洋二号卫星搭载的光通信设备，捕获目标快，跟踪精度高，传输速率为 500Mbit/s，误码率为 10^{-8} 量级，达到了国际先进水平。

9. 研究措施 提升研制水平

20 世纪 90 年代，随着我国国民经济和国防建设的不断发展，我国卫星研制还远远满足不了应用需求，卫星品种少、性能低、寿命短，没有形成稳定运行的卫星系统，在导航定位、全天候对地观测卫星等方面，还存在许多空白。具体而言，在卫星功能方面，我国对地观测卫星的空间、时间、波谱分辨率不高，通信卫星的容量不大，不足以支撑业务部门应用发展的需求；在卫星寿命方面，我国卫星设计寿命不长，有的卫星甚至发射仅几十天就失效，没有形成长期在轨稳定运行的格局。此外，在卫星有效载荷方面，我国卫星研制技术储备不足，制造工艺落后。总体来说，我国应用卫星的研制水平与国际先进水平差距很大，且随着技术的进步，这个差距会越拉越大，远远满足不了国民经济和国防建设的迫切需要。

负责统抓国防科技工业的国防科工委对此十分焦急，丁衡高主任专门把张履谦请到他的办公室，指定由张履谦负责组织调查组，对我国应用卫星研制现状和未来 10 年发展，进行深入的调查研究，并写出专题报告，为国防科工委作决策咨询。

因多年从事航天技术工作，且多次出国考察，参加各类学术会议，张履谦在此方面已积累了大量资料。看到我国卫星在技术水平上一直上不去，张履谦心里十分着急，心里有诸多设想，只是没有进行系统的分析，并将之整理成书面报告。丁衡高主任提出组建应用卫星调查组的想法，与张履谦心中所急不谋而合，他欣然接受了任务。

1990 年，提高应用卫星研制水平课题研究组成立，张履谦任研究组组长，艾长春（国防科工委航天局局长）、张国富（航空航天部五院副院长）任副组长，中科院，电子工业部，航空航天部五院、八院等单位有关领域的专家共 27 人，参加了研究组的调查研究工作，朱毅麟、王景泉等为起草报告的执笔人。

在一年多的时间里，张履谦率领团队到北京、上海、西安、兰州等地的卫星研究院、所，进行深入的实地考查，了解研制条件、人力资源、设备等情况，还到电信、广播、测绘、水电、气象、海洋、农业、地矿、金融、教育等部门，调研对应用卫星的需求情况。张履谦和研究组专家在基层调查研究、座谈讨论，掌握了大量的第一手资料。经过多次研讨，反复和用户协商，提出了初步方案，又经各层次领导和专家的反复修改，于1991年10月完成了研究报告，上报丁衡高主任，并报送中央专委。

研究报告指出，我国应用卫星研制水平低，其主要原因是我国研制工作基础差、底子薄，系统论证欠缺，设计与管理水平不高，对预先研究重视欠缺，以及国家对航天事业的投资偏低等。

报告结合我国具体国情，提出提高应用卫星研制水平的基点是，着眼于整个卫星系统总体性能水平的提高，满足国民经济和国防建设的迫切需求，为今后发展奠定基础。同时，要坚持自力更生，提倡大力协同，军民兼顾，突出重点，争取国际合作，积极采用新技术，加强顶层设计、预先研究和管理水平，适当加大投入，逐步进行技术改造。

报告绘制出至2000年我国应用卫星发展10年蓝图。报告建议应加快发展通信广播、对地观测、导航定位、科学试验四种类型卫星，以及东方红三号卫星、Ku频段广播卫星、数据中继卫星、风云一号和风云二号气象卫星、地球资源卫星等15个卫星型号。

报告提出应尽快攻克卫星有效载荷16项主要关

键技术：大型精密可展开天线、不同频段的卫星转发器、高分辨率CCD相机和红外相机、多通道扫描辐射器、合成孔径雷达、高速率数传技术等；需攻克卫星平台13项基本技术：卫星平台型谱化和优化设计、卫星运动元器件长寿命和可靠性、卫星姿态控制稳定与仿真、高性能推进技术、高效能源、高性能材料、抗辐照加固与抗单粒子效应、星上数据管理等。

要提高我国应用卫星的研制水平，关键是要找准卫星研制水平不高的原因，明确提高的方向和目标，提出有效的措施和建议。

为了解决这些问题，研究组的领导可谓呕心沥血。每开一次研究会，张履谦总是几天睡不好觉。他和两位副组长及执笔人一起，仔细分析，逐字逐句地推敲，并多次征求大家意见，进行反复修改，最终提出了加强研制队伍建设和预先研究，加大投资力度，加强技术改造和基础设施建设，切实抓好关键元器件和材料研制和生产，加强总体设计工作和研制管理工作，做好卫星工程的系统论证，合理组织科研力量，搞好全国大协作，积极开展国际技术交流与合作等措施。

张履谦深有体会地说，这些措施主要有以下几个创新点：首先，提出了卫星有效载荷研制要组建国家队，根据卫星有效载荷的水平择优选用，不搞封闭研制，鼓励竞争，提高质量，加快进度。其次，是搞基本型卫星平台，实现卫星研制模块化、系列化，打破过去一颗卫星研制一种平台的局面，平台通用化加快了研制进度，保证了质量稳定。最后，提出了合理的技术改造经费，改变了过去因陋就简搞科研的局面，对卫星研制技术水平的提高，起到了至关重要的作用。

提高应用卫星研制水平的报告，得到了国防科工委领导的高度赞扬和认可，报告中提出的建议措施，被中央专委批准采纳，并加以落实，在相关基层单位得到了积极贯彻。

经过 10 年时间的发展，卫星研究所、生产厂的研制实验室、生产厂房得到了改造提升，设备与仪器进行了大量更新，卫星研制水平迈上了一个新台阶。我国应用卫星的发展，以事实展现了报告所描绘的发展蓝图，实现了空间技术跨越式发展，研制出多种较高水平的卫星，呈现出群星灿烂的局面。

张履谦

张履谦院士传记

Academician Zhang Luqian's Biography

第八章

助推神舟　献力嫦娥

太空、深空，神舟、嫦娥，从方案论证到技术攻关，从基础设施建设到任务风险评估，许多关键场合都能看到张履谦的身影。

1. 载人航天　共谋发展宏图

完成“三抓”任务后，经过严峻锻炼和考验的航天科技工作者们，思索着下一步该搞什么样的型号工程，走什么样的一步棋。

此时，国际进军太空的热潮再度掀起。美、苏两个超级大国首先挑起了这场以经济、科技为重点，带动军事力量发展的新一轮太空科技竞争。紧随其后，欧洲提出了自己的太空战略，日本、印度也开始了航天技术跟踪和关键技术预研。

1985 年夏天，在任新民等航天专家的倡导下，航天工业部在秦皇岛召开了我国第一次载人航天与空间站讨论会。与会人员不仅有来自航天领域各研究院、所的领导和专家，还有来自中国科学院、力学所、冶金部等单位的高层技术专家。张履谦参加了这次有关航天重大发展战略问题的讨论和论证。会议主要内容是论证我国发展载人航天及空间站的必要性、技术途径、关键技术、步骤、措施等，对建立我国空间站作可行性研究和方案论证。

任新民等航天专家组织召开此次会议的主要目的，就是为了发展我国航天事业，建议国家规划并开展载人航天工程和空间站建设。

在此次研讨会上，代表们对中国航天发展战略各抒己见，虽然意见大相径庭，思路也不成熟，却有一个共识：发展载人航天和建立空间站是我国航天事业未来发展的大势所趋。

会上，张履谦发表了发展我国载人航天与空间站的目的和意义的看法，认为积极发展载人航天与建设空间站，对于大力推动航天技术进步、带动国民经济快速发展，必将产生巨大的促进作用。

张履谦还认为，发展载人航天与空间站，可以在空间利用微重力环境条件，进行制药、晶体烧结等加工生产，制造地面不可能达到的优质产品，更重要的是通过工程研制，发展加工制造、材料生产、仪器研制等技术，带动我国科学技术进步和国民经济发展，在更大程度地提高航天科技人员的科研能力，工程研制成果也将鼓舞我国人民的斗志，对提高我国的国际地位，增强中华各族的凝聚力，在政治上产生深远的有利影响。

与会专家讨论了我国发展载人航天和研制空间站的关键技术问题，诸如空间站的规模与结构尺寸多大、研制空间站做什么用、用火箭发射还是用航天飞机发射、地面如何测控、航天员的生命保障系统如何设计、发展步骤怎样安排、如何开展全国大协作、国际合作有何前途、投入是否符合国情等问题。

张履谦积极支持我国发展载人航天和建立空间站的战略方针，参与谋划发展方案设想。他根据我国发射第一颗地球同步轨道通信卫星的经验，信心十足地提出载人航天飞行及建立空间站的跟踪测控与通信技术方案构思。

与会代表共同倡议我国应开展载人航天工程与空间站建设，首先把人送上天，之后在太空建立空间站。会议研究报告和现场发言被汇编成《太空站讨论会文集》。任新民在文集序言中这样写道："太空站迟早是要搞的，但等到人家都成了常规的东西，我们才开始设想，到时候就晚了。所以，从现在起就应有一个长远规划，对其中的某些单项关键技术应立即着手研究。一旦国家下决心发展载人航天，就能及时起步。我们要争取在 21 世纪初，在地球的近地空域翱翔着中国的永久型太空站，在太空站和地球之间有中国的天地往返运输工具，装载着人员、物资、设备穿梭往来，我国的航天员、科学家和工程师在太空站上紧张地进行各种各样的科学技术活动。"

会议结束时，大家一致建议航天工业部向国家写报告，将发展载人航天及空间站列入我国中、长期科技发展规划。这次会议可以说是我国发展载人航天工程的起点，揭开了我国发展载人航天的序幕。

1986 年春天，我国启动了高技术研究发展计划——863 计划。航天技术是 863 计划《高技术研究发展计划纲要》七大领域中的第二大领域，其主题项目是大型运载火箭及天地往返运输系统、载人空间站系统及其应用。

1987 年，我国组建了 863 计划航天技术专家委员会和主题项目专家组，对发展我国载人航天技术的总体方案和具体途径进行全面论证。张履谦是专家委员会成员。

在此后的 3 年里，专家组围绕中国载人航天和空间站建设如何起步，进行了极为认真的论证。飞船方案和航天飞机方案论证人员对是采用火箭发射飞船，在空间拼接而建立空间站（简称飞船方案），还是采用航天飞机将空间实验室运输到太空组装成空间站（简称航天飞机方案），展开了长时间的方案比较和学术讨论。1989 年，航空航天部召开了飞船与航天飞机两种方案比较论证会。通过比较论证，航空航天部系统内部逐渐达成共识：中国载人航天与空间站发展途径，从载人飞船起步。

1992 年 1 月 8 日，中央专委会召开第五次会议，专门研究发展我国载人航天问题。会议决定，在“863”航天领域专家委员会和航空航天部过去论证的基础上，由国防科工委组织论证评审组，进一步对载人飞船研制问题进行技术和经济上的可行性论证。评审组组长是任新民，副组长是王大珩和屠善澄，成员包括王希季、庄逢甘、闵桂荣、张履谦、杨嘉墀、童铠、谢光选等院士。

同年 9 月 21 日，中共中央政治局十三届常委会第 195 次会议讨论同意了论证评审组《关于开展我国载人飞船工程研制的请示》，正式批准实施我国载人航天工程。

经过几年的深入论证和方案设计，在载人航天的科学目标与技术目标、飞船舱体尺寸结构、运载火箭研制、空间测控方案、发射与回收、航天员生命保障等技术问题上，取得了巨大进展。

20世纪90年代，航天专家认真讨论和论证我国载人航天技术方案（左、右图前排左一为张履谦）

中央领导指示，要像当年抓“两弹一星”一样，抓载人航天工程。同时，载人航天工程是一项大型的保密工程，应贯彻“要静静地、坚持不懈地、锲而不舍地去搞”，“多干、少说”，“只干、不说”的原则，不报道，不宣传。1992年年末，工程在全国各有关单位悄无声息地开展起来。

载人航天工程先后研制了四艘无人飞船，并上天考验其可靠性。经过不断完善和改进，2003年，我国把首位航天员杨利伟送上太空并安全返回，成为世界上第三个掌握载人航天技术的国家。接着，我国又进行了多人多天飞行、航天员出舱活动等载人航天任务。2011年至2013年，我国又进行了天宫一号与神舟八号、九号、十号的空间交会对接，这些关键技术的掌握，为空间站的建设奠定了基础。

张履谦积极倡导和支持我国载人航天工程立项，参加工程顶层和总体方案设计论证，为工程研制各阶段进行故障归零和技术评审，对天宫一号设计方案进行评估，为货运飞船作技术方案评审，对测控设备进行技术攻关，为工程测控网提出建设方案，为我国载人航天工程做了大量细致工作。2009年，国家人力资源和社会保障部、工业信息化部、总装备部表彰了在载人航天工程中作出突出贡献的科研人员，张履谦位列其中，被光荣地授予“中国载人航天工程突出贡献者”称号，并荣获了奖章和证书。

2003年，张履谦和当年参加我国载人航天技术方案论证的部分专家在酒泉卫星发射中心合影（左起：崔国良、梁思礼、张履谦、孙家栋、王希季、丁衡高、任新民、谢光选、庄逢甘、屠善澄、王德臣、王大珩、闵桂荣）

2003年，张履谦和我国航天专家在神舟五号飞船返回舱前合影（右起：曾广商、孙家栋、谢光选、王永志、张履谦）

2003年，张履谦和我国首批航天员杨利伟等在神舟五号飞船返回舱前合影

2009年，张履谦荣获“中国载人航天工程突出贡献者”奖章和证书

2. 研究方案　推动测控组网

秦皇岛会议结束后，专家们回到各自单位，结合自身工作实际，考虑如何支持载人航天发展。

张履谦回到北京后，立即与我国遥测遥控专家史长捷、姜昌、陈宜元，以及电子技术专家曾邑铎、张乃通等一起，共同研究载人航天与空间站的测控方案。在深入探讨研究的基础上，由张履谦执笔撰写了《对我国载人航天飞行及空间站的跟踪测控及

1985年，张履谦和我国遥测遥控专家史长捷在一起

通信设想》，登载于1988年1月航天工业部《载人航天与空间站第二次研讨会会议文集》中。

在文章中，张履谦等专家分析了载人航天与空间站的运行轨道及其对跟踪测控与通信的要求，论述了载人航天跟踪测控与通信，具有覆盖空域大、实时性强、精度高、数据量大、可靠性高等特点。在研究分析国外现状及国内发展要求的基础上，结合我国国情，提出了建立我国载人航天与空间站测控通信网的设想建议：

（1）充分利用和改造现有发射通信卫星的测控网，在陆地上建立测控站，同时派出测量船在海上部署测控点，采用节点控制策略，解决载人航天与空间站的发射、运行和着陆的测控覆盖率问题。

（2）后期建立数据中继卫星系统，扩大测控与通信覆盖率，解决航天员执行出舱任务和交会对接时的测控与通信问题。

（3）利用国外的全球定位系统，实现空间站精确轨道测量。

（4）积极开展国际合作，利用国外的测控站，进行辅助测控。

根据这个方案设想，张履谦等专家进一步开展了技术设计，进行布站组网的图上作业，提出了改造现有装备，使之能与国际兼容的具体意见。

中国载人航天工程立项后，成立了工程管理机构——中国载人航天办公室，并召开会议，进一步对载人航天工程及其测控通信方案进行论证，张履谦参与了会议，并提出了多项补充内容。经过细致的分析研究，原设计方案构思得到了认可和细化，并最终形成了实施方案。

根据实施方案要求，我国载人航天飞船测控网系统，将对原有的测控站进行改造，将C频段改变为S频段，建立统一S频段（USB）测控站；数据格式采用CCSDS建议，与国际兼容；为了增加信道传输数据容量，将原有的二相制（BPSK）通信调制体制，改为四相制（QPSK）通信调制体制，这样可满足语音、图像和数据的传输；视频图像传输采用先进的数据压缩技术；积极争取国际合作，比如在合作中可以考虑采取在国外建站、采用海事卫星等手段，同时充分利用国际先进的全球定位系统，对飞船等进行定位。我国载人航天空间测控网的建设分两步走：先期以陆、海布站，节点测控，解决急需；后期采用数据中继卫星，扩大测控覆盖率。最后建立我国空天一体化的测控网。

张履谦参与研究的载人航天与空间站测控网方案，进一步完善了先期论证的基本构思。在方案论证中，他还根据“450”工程的实施经验，为测控信道作了链路分析计算和可靠性评估。

我国载人航天与空间站测控通信工程，正是沿着这样一条思路走过来的。现在建成的S频段测控网就是在原有测控站基础上进行改造的，神舟号飞船的测控就是采用陆、海布站，通过国际合作完成的。

我国已发射数据中继卫星，并从神舟七号飞船飞行任务开始投入应用。正在建设的北斗导航卫星系统，也将对未来的空间飞行器进行自主控制起到关键作用，我国航天测控网已走上天地一体化的道路。

飞船上安装的测控通信终端，负责向地面发送工作数据、图像及航天员话音等信息，并负责接收地面指挥中心发来的控制指令、图像和话音。测控通信终端是飞船测控的总枢纽，关系到飞船执行任务的成败。

张履谦对测控通信终端研制非常关心，十分重视。测控通信终端由上海813所负责研制，在方案制定、技术攻关、阶段评审、产品验收等各个阶段，张履谦即使再忙，也要挤出时间，去上海参加相关会议，到实验室查看测试数据，指导研制工作。

张履谦认为，由于调制体制改变为四相制后，对时间、频率的准确性与稳定性要求提高了，尤其是对通道的相位噪声要求特别高。如果研制出来的产品不能满足要求，将使误码率增大，导致飞船下传数据出现错误，声音失真，图像轻则产生“马塞克”，重则不能输出。地面上传的指令也会产生错误，甚至导致飞船失控。这些问题都将给飞行任务带来灾难性的后果。

在测控通信终端攻关阶段，张履谦多次到上海，了解工作进展情况，如通道相位噪声大小，通道的正交性如何，等等。他还亲自查看数据的重复性和散布性，并要求科研人员作出评估曲线。

张履谦严肃认真的工作精神、一丝不苟的工作作风，使科研人员深受感动。

为了检验测控设备的运行情况，张履谦不辞辛劳，不远千里，亲自登上远望号测量船，查看设备运行情况。

在张履谦的指导下，科研人员通过辛勤努力，终于研制成功飞船测控通信终端。从飞船执行任务反馈的数据结果看，飞船测控通信终端表现良好，

1997年，张履谦在远望号测量船上考察测控设备

工作稳定可靠，遥测正确，指令无误，话音明朗，图像清晰，圆满完成了历次载人航天飞行任务。

在载人飞船返回地球时，精确地测量飞船距地面的高度、控制飞船的着陆速度，对于保障载人飞船安全着陆，具有十分关键的作用。

用微波雷达技术进行飞船高度测量，其精度只能达到厘米级，不能满足飞船精确测量的要求。因此，在飞船着陆系统中，要采用精度更高的 γ 射线高度表。一直以来，我国在飞船着陆系统中采用的是购自俄罗斯的 γ 射线高度表。该高度表包括 γ 射线发射器和接收器，发射器中的 γ 射线放射源不断地向地面发射 γ 射线，从地面反射回来的 γ 射线作用在接收器上，接收器感受的 γ 射线反射流的强度与其距地面的距离有关，据此可以判断返回舱距地面的高度，其测量精度能达到毫米级。

国内某研究所多年来一直在进行精确测量高度的技术攻关，并研发出了原理样机。但由于迟迟未能立项，缺乏研制经费，项目进展缓慢。张履谦认为，在航天技术领域，国际合作固然重要，但更多的技术，尤其是关键技术，我们应该自力更生，坚持自主研发。他决心促使国产高度表尽快研制出来，以代替昂贵的进口产品。

为此，张履谦多次深入该研究所，指导研制人员进行技术攻关。他建议采用航天专用元器件，开展冗余设计，提高产品的可靠性，并进行高、低温循环考核，突破射线测量、防辐射加固、精确计数等技术难题。在他的指导和鼓励下，研究人员斗志昂扬，经过几年努力，克服多种困难，终于研制出工程样机，并通过了严格的环境验证试验和外场试验。

对这项自主研发的产品，张履谦十分珍惜，他在载人航天工程各种会议和有关领导面前，多次介绍国产高度表的情况及其技术指标，极力推荐在神舟飞船上使用国产高度表。在张履谦的推动下，该研究所研制的γ射线高度表最终安装在了载人飞船上，多次圆满完成载人飞船返回任务。

3. 调研论证　建设基础设施

中国航天经过30多年的发展，采取了一系列技术改造措施，各研究所、生产厂的科研设备和基础设施得到了一定的改造更新。但是，面对载人航天工程的高要求，这些科研设备和基础设施还远远满足不了需要。

首先，飞船的体积大，精度要求非常高，原来的总装厂房不能满足要求，需要扩建和改造；其次，载人航天工程涉及到飞船控制、航天员出舱等环节，要求在空间环境模拟器中验证的功能多，对空间环境模拟器的改造扩充和性能提升迫在眉睫；第三，飞船运行及交会对接过程中，电磁兼容性要求苛刻，需要高性能的大型电磁屏蔽室进行试验验证；最后，原有的研制仪器与加工设备，无论在精度方面，还是在稳定性方面，都满足不了载人航天工程的需要。

欧洲空间局是世界上颇有影响力的航天机构。数十年来，欧洲空间局无论在技术研发水平方面，还是在基础设施建设方面，都处于世界前列。我国相关研究院、所也与之建立了联系，合作开展了一些项目研究。鉴于载人航天工程的迫切需要，中国载人航天工程办公室和中国航天科技集团公司领导决定，组织队伍前往欧洲空间局，考察其基础设施建设情况，为我国载人航天基础设施建设提供借鉴。

1994年，张履谦和汪国林、叶培建等领导和专家，组团赴欧洲空间局进行调研和考察。汪国林担任集团公司五院副院长，叶培建是拥有欧洲双博士学位的“海归”，担任资源二号卫星副总设计师。

在欧洲空间局调研考察期间，汪国林、张履谦和叶培建等人带领考察团到荷兰海牙，德国柏林、慕尼黑等地，对其空间技术研究基础设施，进行了深入细致的考察。

考察团回到北京后，汪国林副院长组织队伍，和张履谦、叶培建及有关航天专家一起，根据我国载人航天工程和空间技术的发展需要，提出了在北京唐家岭航天城建设大型空间模拟实验室、飞船总装车间、大型力学试验设备和电磁兼容实验室等建设方案，借鉴欧洲空间局的设计经验，根据神舟号飞船的研制实际，对大型设备和厂房的性能指标要求，一项一项地进行精心论证和研究落实。

张履谦曾参加过6米直径设备的设计、论证、评审和验收工作，对建立

1994年，张履谦（前排右二）等人在欧洲空间局调研空间技术研究基础设施

空间环境模拟试验设备数据采集和处理有较深入的了解。张履谦根据总体设计要求，对其进行了周密的指标论证和数据采集方案设计。

在电磁兼容实验室中，要建设一个适应飞船尺寸要求的大型电磁屏蔽室，不但要满足飞船试验验证的要求，还应满足今后卫星大型天线试验验证的要求。张履谦参加了这个国内最先进的具有紧缩场天线试验功能的电磁屏蔽室的方案设计、论证、评审和验收工作，提出了诸多建设性意见。

我国载人航天研制试验基础设施建设，工程巨大，耗资很多，经过前期的认真调研和充分论证，优质快速地完成建设，保证了我国载人航天工程的顺利开展，并为我国进一步发展空间技术打下良好的基础。

4. 雷达测量　降低对接风险

根据中国载人航天工程发展战略，我国在 2011 年 9 月发射了目标飞行器“天宫一号”，并分别于 2011 年 11 月、2012 年 6 月、2013 年 6 月，与神舟八号、九号、十号飞船进行了空间交会对接，为建造空间实验室和空间站打下了基础。

要保证飞船与目标飞行器在太空中实现准确交会对接，必须准确测出飞船与目标飞行器在空间的相对位置和速度。交会对接的测量手段有多种，一般采用光学系统和微波雷达。我国飞船与目标飞行器交会对接测量最初采用光学系统，主要由于光学系统体积小、重量轻，不需要转动部件，能适应飞船对质量要求等约束条件。

张履谦凭借多年的实践经验，敏锐地意识到该方案存在着隐患。飞船在太空运行时，如果姿态发生变化，光学系统会受到太阳光照射或地面光反射，以及月光、星光等杂散光干扰，将给光学系统造成不同程度的干扰，而这无疑会给交会对接测量带来许多麻烦。

张履谦积极向中国载人航天工程领导建议，提出在飞船自主交会对接时采用微波雷达和光学系统两种测量手段，同时测量，互为备份，以保证交会对接稳妥可靠，万无一失。

研制体积小、重量轻、不做机械转动，而能宽向捕获跟踪目标、精密测量距离与速度的雷达，是一个难题。为了论证雷达方案，张履谦多次前往雷达研制单位调研，支持提出了采用微波干涉仪多普勒雷达体制的交会对接测量雷达方案。利用新体制雷达扫描捕获目标，天线不做机械扫描，精度高。由于采用微波高频段，体积小、重量轻，其结构能适应飞船的严格约束条件。研制单位对这种新体制微波雷达十分重视，迅速组织队伍，突破关键技术，很快研制出样机，通过了环境模拟试验，性能指标符合总体要求。

张履谦积极向飞船总体单位建议，采用微波雷达作为交会对接测量手段之一，该建议得到了飞船总体单位的采纳，将微波雷达安装在神舟九号飞船上，并在神舟九号飞船与天宫一号目标飞行器自动交会对接时投入了应用。

为确保神舟九号飞船和天宫一号目标飞行器交会对接任务成功，中国航天科技集团公司成立了载人航天交会对接任务交会对接任务专家组，对交会对接任务进行独立评估。张履谦被聘为交会对接测量与控制评估组首席专家，会同总装、五院、八院、九院、北京航空航天大学、北京理工大学、哈尔滨工业大学等单位的同行专家，进行工程设计与质量的调查研究，提出风险评估和防范意见。承担此项任务要站在客观的立场，对全过程公正地作出评价、提出建议，任务十分艰巨。

张履谦和组内人员，深入北京、上海、西安、长春、郑州等研制单位，听取汇报，查阅资料，观看实物演示，审查设计和试验数据，与研制人员就疑难问题交换意见。经与研制方多次探讨，以及与组内同行专家一起分析研究，历时半年，终于交出了一份长达10万字的独立评估报告。

空间交会对接采用差分GNSS兼容机、微波雷达、激光雷达、CCD光学成像敏感器、TV摄像机作为测量敏感仪器，同时采用成熟的控制策略与方法，可以达到交会对接时所要求的横向位移及各向位置与速度指标要求，这是评估组对方案进行讨论后形成的一致意见。

根据评估组统计，该系统执行过飞行任务的仪器有20种，未执行过飞行任务的设备有4种，未经环境条件考核的设备与材料有3种，逐项梳理存在的技术风险有36条。评估组指出了每条风险的风险源及其影响程度，提出了解决措施及验证方法，说明了采取措施后风险发生的可能性及影响程度。

评估组专家经过深入分析，与总体组和研制单位反复研究，就执行交会对接任务前应做的工作、重点应注意的问题，提出了具体建议，指出了存在的风险，提出了应对风险的措施，以避免或降低风险。

2012 年 6 月 18 日，神舟九号飞船与天宫一号目标飞行器成功实现首次载人自动交会对接，其测量与控制精度极高，实际达到 0.05 米，手动交会对接精度更高，创新设计获得了良好成效。

5. 探月工程　确保图像质量

奔月，是中国人的千年梦想。张履谦受国防科学技术工业委员会聘请，担任探月工程实施方案编制专家组成员，同时被总装备部聘任为载人航天与探月工程重大专项载人空间站工程论证评估委员会委员。他以火热之心，关心、支持这一壮举，为其操劳费心。

探月工程启动之初，张履谦参加了嫦娥一号、嫦娥二号探月探测器测控网和数传方案的设计工作。

嫦娥一号探测器正样研制阶段，出现了卫星数传天线增益达不到指标的问题，不解决此问题，势必影响卫星数据传输质量，使拍摄的月球图像数据接收不到，或产生较高的误码率，无法形成清晰图像。

张履谦被聘为探月工程、载人航天工程专家证书

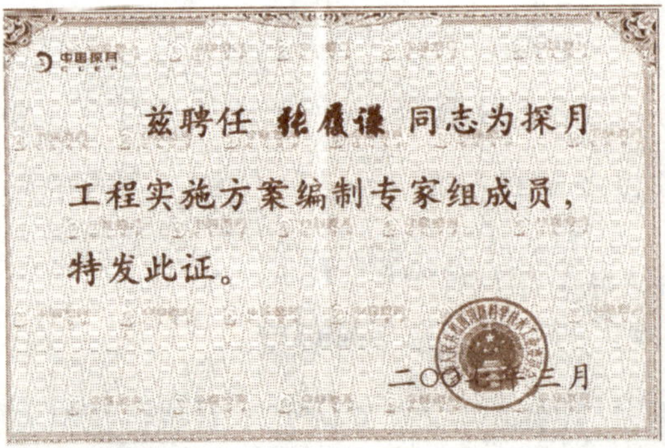
兹聘任 张履谦 同志为探月工程实施方案编制专家组成员，特发此证。

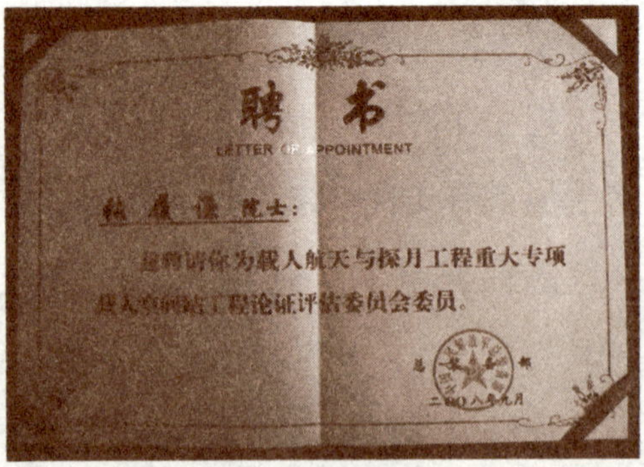
聘书

张履谦院士：

兹聘请你为载人航天与探月工程重大专项载人空间站工程论证评估委员会委员。

嫦娥一号探月工程总指挥栾恩杰和总设计师孙家栋十分关注此事，组织了包括张履谦在内的有关测控专家，到西安卫星天线研制单位进行商议研讨。

张履谦参加过我国通信卫星传输链路的设计、试验，以及中意“天狼星”的通信试验，对卫星数传的链路设计和试验，具有深厚的理论基础和丰富的实践经验。

到西安卫星天线研制单位后，张履谦当晚就从卫星天线主管设计人员那里拿设计图纸和测试试验数据，连夜进行反复核算，一直持续到凌晨 4 点。

经过严密计算，张履谦认为，链路增益指标虽然基本满足要求，但没有余量，若中间环节指标有波动，很可能导致数据质量下降，甚至接收不到数据。

为此，他根据国内研制大型天线的情况，提出了研制 18 米直径大型地面接收天线的措施，经过计算，认为采用大型天线后，链路增益余量足够，技术成熟，没有风险，进度满足要求。张履谦又分析计算了弥补增益不足的其他措施，这些措施虽然理论上可行，但试验不充分，风险较大，而且涉及面较广，对进度有影响。

研讨会上，有专家提出改变编码体制，提高编码增益，弥补数传天线的增益不足；有专家提出加大卫星数传发射机功率，提高链路增益；还有专家提出降低地面接收机的噪声系数，达到链路增益指

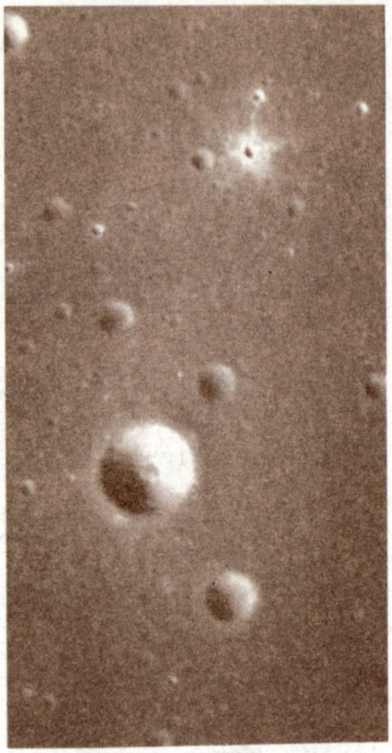

利用18米直径大型地面接收天线接收到的从嫦娥二号卫星发回的虹湾区月面影像

标要求。张履谦阐述了自己对各种方案的看法，建议数传链路应留有3分贝以上的增益余量，误码率一定要满足指标要求，为确保"嫦娥一号"探测任务成功，绝不能存侥幸心理，研制18米直径大型地面接收天线是必要的，也是可行的。

一些专家对此有疑虑，认为研制大型地面接收天线，一方面会使经费投入增加，另一方面项目进度也可能来不及。经过热烈讨论，经两总决定，会议最后形成共识，采取研制18米直径大型地面接收天线的措施。

随着嫦娥一号、嫦娥二号探月卫星发射成功，地面接收站接收到了从卫星发来的清晰的月面三维立体图像，开创了我国向深空探测发展的新阶段。

6."嫦三"落月　主持安全评估

探月工程二期为"落"，这项工程是一期工程的拓展与跨越，它以实现月球软着陆和获得高精度科学数据为目的，进一步掌握深空探测相关关键技术，推动深空探测技术深入发展。

2006年7月、2007年3月，探月工程实施方案编制专家组先后召开会议，研究制定探月二期工程——嫦娥三号总体技术方案，张履谦参加了会议。

张履谦十分关心月球软着陆问题。他认为我国科技人员对月球地理环境了解得还不够，只从美国阿波罗登月文献中获得一些资料，并没有掌握第一手数据。为此，他认真审查了月球软着陆制导、导航与控制方案，对其采用的敏感器、控制方案、仿真计算结果，作了严密审查。

张履谦更关心在地面对月球着陆器的测控问题。地面离月球近 40 万千米，对着陆器的落月地点测量精度要求很高，必须仔细核算。同时，深空测控站的建设应从长计议，要考虑下一步对火星探测的测控要求。经过研讨会讨论，张履谦又进行了测控信道计算，认为深空测控站选择 35 米以上直径 X、S 共频大型天线，在我国喀什和佳木斯两地建站是适宜的，其测距、测速、测角及落点预报等精度，可以满足要求。

2011 年 5 月，在嫦娥三号工程即将转入正样研制阶段的关键时刻，为确保工程任务成功，国家国防科技工业局与中国航天科技集团公司联合成立了嫦娥三号月球着陆器独立评估委员会，对任务的目标要求、影响成败的重大关键，开展独立评估和做出评估结论。张履谦被聘为独立评估委员会委员兼安全着陆独立评估专家组首席专家。组内 14 名专家针对安全着陆控制方案，悬停、避障与下降的试验验证，以及诸敏感器的研制，开展了评估工作。他们先后前往西安、上海、北京等地的研制单位，实地考查，现场查核文件资料，与研制人员切磋研究，并观看了落塔试验，用了 10 个月时间，完成了独立评估报告。报告出了 37 个风险点，并提出了相应的防范措施建议。

张履谦满怀信心地说，通过独立评估工作，对安全着陆方案进行了复核审查，对实物研制进行了质量评估，对任务过程进行了仿真验证，对风险防范采取了可靠措施，在月球软着陆不会有什么大问题。

2013 年 12 月 2 日 1 时 30 分，嫦娥三号探测器发射成功；12 月 14 日 21 时 11 分，嫦娥三号探测器在月面虹湾区成功软着陆；12 月 15 日，玉兔号月球车与着陆器分离，互相拍照，并将照片发回地面。

张履谦

张履谦院士传记

Academician Zhang Luqian's Biography

第九章

心系祖国　放眼未来

心系祖国，放眼世界，狠抓基础，跟踪前沿。张履谦年过古稀，依然关注国防建设，注重人才培养，为实现中华民族伟大复兴贡献力量。

1. 军工计量 建设标准体系

俗话说，早起开门七件事，柴米油盐酱醋茶，缺一不可。在国防科研领域，计量工作就是开门的七件事之一。聂荣臻元帅指出，计量标准化工作是保障军工产品质量的重要措施，也是国防科研工作的基础，正所谓“不以规矩，不成方圆”。聂荣臻元帅又透析了计量测试的地位与发展方向，指出科研要发展，计量需先行。

2001年3月，张履谦被聘任为国防科工委军工计量测试标准化委员会主任（2008年后任顾问）。虽然当时工作很忙，但他对计量测试工作十分重视，他以认真负责的态度，挤出时间，担负了这项基础性工作。虽然许多人认为这项工作只不过是制定计量标准，并不在意，但事实上做好并不容易。

张履谦的想法是，首先要抓好军工计量测试标准化体系设计的顶层设计，然后具体制定出军工计量测试的国家和军用技术标准（简称国标、国军标）以及审查企业标准。待国标、国军标制定后，再组织宣传贯彻，使标准得到推广应用。

接手这项任务后，张履谦迅速主持召开了军工计量测试标准化委员会首次

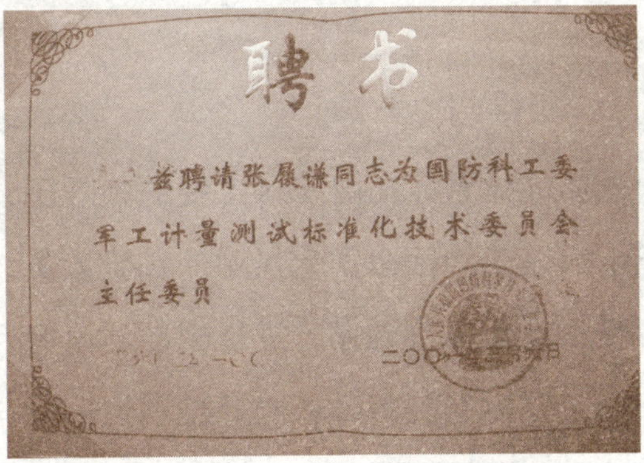

2001年，张履谦受聘担任国防科工委军工计量测试标准化技术委员会主任委员

会议，提出要先做好军工计量测试标准化体系设计，这是首届委员会的一项核心工作。

张履谦说："标准是研制生产的法律，是企业应遵守的规定，必须准确、可行，切合我国实际，我们一定要把体系设计、标准制定、宣传贯彻三项工作搞好。除此以外，因为这项工作很严谨、严肃，我们还要制定出委员会制定标准的工作程序。"

十几年来，张履谦就是本着上述指导思想，在军工计量测试标准化岗位上，做了大量的工作。

军工计量测试，包括核、航空、航天、兵器、船舶五个军工行业，涉及到几何长度、热学、力学、光学、声学、电磁学、化学、辐射、无线电、时间、频率十大专业，其体系设计是一项十分艰巨而又深入细致的工作。

张履谦带领科研人员，经过3年时间调查研究，反复研讨，多次修改，分析了我国军工行业当前现况与未来发展需求，提出了滚动式发展我国军工计量测试标准体系的设想。

根据计量标准体系，在国防科工委的领导下，张履谦领导十大军工集团公司计量站的科研人员，每年选定若干项计量标准课题，进行标准的研究、制定工作。每一项标准制定，都要经过单位申请、立题评审、组织实施、复核试用、同行验收、上报批准等工作程序。在标准研究、制定过程中，张履谦要求贯彻三严作风，新、老技术人员结合，建立责任制，严把质量关。

计量标准项目繁多，质量至关重要。如果一个标准一个样，不统一规范，标准自身就无标准可言，势必造成工作混乱。在张履谦的领导下，科研人员严格按标准制定程序去选定项目、组织编写、进行试验验证、组织同行审查。

制定一项标准，把住审查关至关重要。在张履谦的领导下，委员会制定了审查标准程序，规定一项标准必须经过计量专业人员试用和专业人员验证，得到用户认可，并由老专家审查后，才能提交委员会讨论、通过，之后再送上级审批。

计量的误差测量和误差处理方法，是制定计量标准的又一个关键环节，张履谦对此十分重视。在每一个标准制定过程中，哪怕处理方法已经经过主审审查，他也要亲自审查和计算标准中每个环节的误差分配和系统的计算处理方法。在张履谦的主持下，我国军工计量标准化工作得到迅速发展，3 年完成了军工计量测试标准化体系设计，5 年完成了数百项标准的制定，此外，还制定了国标、国军标的制定程序和审查程序。对于制定的计量标准，审批一批，宣讲一期，使其得到及时贯彻。

目前，我国的军工计量标准已成功地在武器研制、载人航天、探月工程任务中得到应用，为保障任务的圆满完成，起到了良好作用，并为今后军工计量测试标准化工作的持续开展，打下了良好基础。

在 2010 年世界计量日中国航天计量测试论坛上，张履谦作了《不断创新，发展航天计量测试技术》的主题报告。他在报告中提出，计量测试是一门前沿性、基础性的技术科学。俄国科学家门捷列夫曾说："没有计量，就没有科学。"计量测试可以揭开科学秘密，中外诸多科学家皆掌握着精湛的测试试验技术。计量测试是人类社会从概念通向应用、从理论通向实际的不可逾越的桥梁，任何一项发明创造，从概念到应用，从理论到实际，没有计量测试，便难以推广应用。

张履谦回顾了我国航天计量测试工作的发展过程，航天计量测试工作为"两弹一星"、载人航天、探月工程等质量检验提供了计量标准，科研人员开展了大量的型号工程量值传递和现场校准工作，突破了众多型号工程关键计量测试技

2007年，军工计量测试标准化委员会举办年会，会后全体成员合影留念（前排左五为张履谦）

术，解决了诸如运载火箭的飞行轨迹和工程参数测量、神舟飞船与“天宫一号”交会对接的空间坐标精密确定、卫星电源内部交流阻抗测量、航天器零磁实验系统高精度大电流现场校准等诸多技术难题。

张履谦指出，航天计量测试在规划专业发展方向和重点时，要瞄准重点型号工程，深入了解型号需求，促进航天科技创新；要开展计量测试关键技术攻关，建立适应型号需求的测试系统和校准装置，形成满足型号研制和批生产任务需求的计量测试和保障能力，确保各种量值单位统一、数据准确可靠。当前，国际航天领域正在开展临近空间和太赫兹两个领域的热点研究，值得我们重视。航天计量测试要在建立适应航天计量测试量传技术，突破计量测试前沿领域关键技术，突破现场、在线、动态、虚拟试验和综合测试等关键技术，突破型号专用测试设备和传感器校准关键技术等方面作出成效。

为使计量测试工作适应航天事业持续发展的需要，张履谦提出了五条建议：加大基础投入，加强能力建设；立足型号需求，加强学科建设；培育领军人物，加强人才建设；整合优势力量，加强体系建设；利用有利时机，开展国际合作。

张履谦用《易经》中的“天行健，君子以自强不息”为引言，语重心长地说：计量测试工作孜孜以求的就是不断创新，不断完善。当前社会快速进步，航天计量测试工作人员责任重大，更要以自强不息的精神，不断创新，奋勇前进，加快发展我国的航天计量测试技术。

2. 国际交流　学习先进技术

改革开放带来学习国外先进技术、开展国际合作、加快建设社会主义国家的良好机遇。追赶国外先进水平，建立创新型国家，成为摆在当代科技人员面前的迫切任务。

在此大好形势下，航天科技工作者纷纷走出去、请进来，学习和吸取国际先进技术，发展我国航天事业。作为科技委常委的张履谦，积极抓住有利时机，先后20余次出国进行技术考察，参加国际学术会议，先后访问美国、英国、法国、意大利、德国、荷兰、比利时、秘鲁、委内瑞拉、日本，以及我国香港、澳门地区，参观这些国家和地区的航天机构、研究单位和有关企业。宝贵的机遇和经验，为他吸取国际先进技术、掌握国际科技发展动向、丰富自己的知识体系，起到了重要作用。

张履谦还先后考察了欧洲空间局、日本宇宙事业开发团、美国航空航天局、德国宇航研究院、意大利卫星研制单位以及法国阿里安火箭生产厂，听取他们发展航天的经验教训，以及未来的发展设想，参观他们的研究成果及生产试验设施，更重要的是与国外同行专家交流，了解迫切关心的技术问题。张履谦还在法国了解了微波电真空器件、微波暗室等技术情况，到美国和意大利卫星总装车间、发射基地与空间测控中心参观。

张履谦参加国际大型学术会议20余次，曾8次参加一年一度的国际军事电子学会议。他亲眼看到了国外展示的预警飞机和雷达、爱国者导弹、隐形轰炸

1993年，张履谦赴英国参加国际雷达会议

1994年，张履谦赴美国参加国际军事电子学会议

1997年，张履谦访问美国航空航天局

机等实物；参加了7次国际微波会议，系统了解了微波集成电路、微组装技术等工艺发展动向；多次参加国际雷达会议，系统掌握了国际雷达技术发展的新体制、新概念、新应用、新动向，并在会上作学术报告，进行学术交流，向国外同行介绍我国雷达技术发展成就；数次参加国际空间科学会议，了解了国际空间科学研究探测成果和深空探测动向。此外，他还多次参加国际军事通信会议和国际宇航联大会等。

国际学术会议是一种很好的向国外学习先进技术的场合，也是一种提高自己技术水平的平台。张履谦说：每次出国考察或参加国际学术会议，都好比是做了一篇有分量的学术研究论文。每次出国前，他会先做预案，做充分的准备工作，如出国要学哪些专业技术，找哪些专家，交哪些朋友，问什么问题，要看哪些新颖性的展台，了解哪些技术动态……，做到出国时有目标，回来时有收获。

回国后，张履谦会认真撰写出国考察报告，对所见所闻进行分析思考，作出综合评价，提出发展我国高新技术方面的建议。有时，他顾不及消除时差疲劳，就马不停蹄地直接去相关研制单位，用自己的收获指导工程实践。出国考察学习收获的一些内容，他会在国内专业学术会议上进行交流；有些重要建议，他会直接向有关领导机关汇报，以使我国尽快掌握国际先进技术，赶超世界先

每次出国考察回国后，张履谦都认真撰写技术报告

1985年，张履谦（左二）和美国专家合影

1988年，张履谦（中）和意大利专家交谈

1988年，张履谦（右一）和法国专家合影

2009年，张履谦（中）和德国、加拿大专家合影

进水平。

张履谦在参加国际学术会议期间，认识了许多外国专家，访问了许多学术团体。鉴于张履谦深厚的专业技术功底，以及在国际学术会议上的良好表现，1991 年，他被选为美国宇航学会高级会员。1993 年，美国宇航学会又选举他为外籍院士。学术会议结束后，他仍和国际知名专家与学术团体保持联系，经常进行技术交流。

出国考察、参加国际会议需要用外汇，而我国改革开放之初，国家并不十分

富裕，外汇是用劳动人民的血汗换来的，来之不易。虽然张履谦每次都是公派出国，自己并不需要花钱，但他在国外总是设法节约开支，节省费用。他常常住在我国留学生宿舍里，或住在学校的学生公寓，自己在超市买食品，自做饭菜，以节约开支。每到一个新城市，他总会买一张地图，先在附近走一圈，认识和熟悉环境，再坐公交车去参加会议。

投身我国航天事业，推动雷达技术进步，发展空间技术，研制应用卫星，建立空间测控网，参与载人航天和探月工程，进行出国考察，参加国际学术会议，使张履谦掌握了专业知识，积累了经验教训，丰富了学术思维，坚定了事业必成的信心。

3. 瞄准前沿　研究前瞻课题

面对当前科学技术的飞速发展，张履谦有着强烈的紧迫感。为了紧跟科技发展前沿，他亲自参与前瞻性和基础性的课题研究，跟踪国际先进技术。

张履谦开展了空间合成孔径雷达课题研究，对合成孔径雷达的成像算法和实现途径，进行前瞻性研究，并完成了研究试验。2004 年，他又开始了空间分布式雷达新体制课题研究。

星载合成孔径雷达具有全天候（晴天、雨天、雪天、雾天）、全天时（白天、黑夜）对地观测功能，不同频率、极化的雷达，对目标具有独特的识别能力，而且具有很高的分辨率和对活动目标的监测能力。如果将合成孔径雷达安装在编队飞行的多颗小卫星上，可以拓宽雷达对地观测覆盖面，提高对地观测的分辨率。张履谦认为，合成孔径雷达卫星编队组网运行，是国际发展的趋势，具有广阔的发展前景。他紧紧抓住这个课题，深入研究。

为了实现合成孔径雷达编队组网，张履谦研究了卫星编队运行的飞行轨道，小卫星在空间运行的位置保持、时间同步、频率基准等关键技术问题，并对实现干涉成像、活动目标检测的算法，进行了深入探讨。

我国单颗雷达卫星的发射成功，令张履谦对该课题的研究充满信心。他更加努力地搜集资料，研究核心关键技术，提出空间、时间、频率“三同步”测量与控制方法，从而为合成孔径雷达卫星编队组网运行的新体制设计，提供了理论依据。

张履谦还开展了微系统相控阵毫米波雷达天线研究，他全面回顾了雷达发展历史：初始雷达使用的是电子管，雷达作用距离近，功能单一；第二次世界大战期间，出现了磁控管，发展了微波技术，雷达因而能够装载在飞机上，用作炮火控制，雷达技术进入了发展盛世；20 世纪 50 年代，出现了半导体和计算机，雷达系统中引入了数字和信息技术，出现了相控阵雷达，同时雷达采用了脉冲压缩与单脉冲技术，使雷达作用距离更远、精度更高、功能多样，雷达技术进入了又一个新的发展鼎盛时期。由此，张履谦得出结论：一代器件，一代装备；一代技术，一代雷达；要进一步推动雷达技术发展，必须要有新的突破。

那么，雷达技术的下一个突破口又会在哪里呢？张履谦将视线转向有源数字相控阵毫米波雷达。他认为此雷达测量精度高，具有较好的抗干扰能力，是一种新兴的测量雷达系统，如果采用微系统结构，将其集成，雷达的质量和体积就可以做得更小，因此，它必将有着广阔的应用前景，同时符合我军武器装备的迫切需求。

基于上述观点，张履谦选择微系统相控阵毫米波雷达天线作为研究课题，进行探索研究。微系统和毫米波相控阵雷达相结合，是雷达技术发展的一条新思路，具有开创性，但在研制道路上，有许多关键技术需要攻克。张履谦在课题研究中，抓住微波收发组件集成、小型化和热设计、相控阵天线元相互耦合影响、微系统开关与移相等关键技术进行攻关，在提高雷达发射功率、降低天线副瓣和接收机噪声电平、提高雷达跟踪精度和可靠性等方面，进行深入研究。该项课题研究取得了丰硕成果，许多技术已在装备中得到应用。

在长期的雷达和电子技术研究实践中，张履谦深感雷达系统中的电子设备特别是大型微波天线，技术指标要求高，加工精度难保证，使用环境条件要求苛刻，研制难度很大。为此，他亲自参加了“军用电子装备机电耦合基础问题研究”项目，并被聘任为该项目的专家组组长。张履谦和高校、研究单位、生产单位、使用单位四方面的技术人员一起，通过产、学、研、用相结合，进行基础性课题研究。在研究过程中，张履谦等选取平板裂缝天线等三个典型案例，对过去生产的产品进行数据挖掘，采用自下而上、自上而下的工作方法，对一些新型产品进行验证。在项目首席专家段宝岩院士的主持下，用

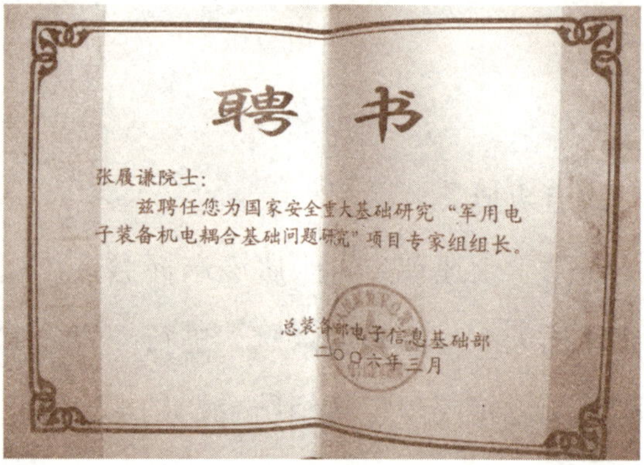

2006年，张履谦受聘担任“军用电子装备机电耦合基础问题研究”项目专家组组长

近5年时间，摸清了机理，构建了精确的数学模型，研制了具有自主知识产权的设计方法和计算软件，并成功地在深空探测等重大航天任务中得到了应用。

4. 学术指导　助力实验机构

国防科研工作，是张履谦心中始终放不下的工作内容之一。

2000年，总装备部和国防科工委在中国科学院电子所成立了微波成像技术国防科技重点实验室。2001年，在中国航天科技集团公司成立了空间微波技术国防科技重点实验室，两个国家级国防科技重点实验室，均聘请张履谦担任学术委员会主任。

在此期间，张履谦瞄准国内需求，立足国际科学技术发展前沿，指导实验室制定未来一个时期的发展战略，提出了实验室应以国防和国民经济急需的基础性、前瞻性课题为研究方向。在张履谦等人的审核和建议下，中科院电子所实验室将雷达成像和应用研究定为研究的主要方向（以后又补充了微波电真空技术），中国航天科技集团公司实验室将微波通信、数据传输和空间遥感定为研究的主要方向。

在学术委员会的指导下，两个实验室分别制定了短期工作计划与长远发展规划，提出了技术创新领域、实验平台配置、人才培养和开放式管理等方面的措施和办法。十几年来，实验室在上级机关和挂靠单位领导的支持下，较好地开展了课题研究工作，取得了丰硕成果，中科院电子所实验室还被评为中国科学院的创新团队。

两个实验室学术委员会的工作，包括制定课题研究指南，进行课题申请的立项评审、中期工作评估和结题验收等内容。张履谦在课题立项和评审中从不缺席，而且十分认真。每次接到任务，他都会仔细阅读材料，为课题指导方向，明确目标，分析研究技术途径。进行课题验收时，他也总是严格把关，从不含糊，在仔细阅读课题总结的同时，还亲自核实实验数据，保持严谨和科学的工作作风，防止浮夸和弄虚作假的现象发生。

两个实验室成立 10 余年来，完成了数十个研究课题，并在一些重大技术上有所突破，有的课题为我国重大工程研制起到了支撑作用，有的课题达到了国际先进水平，有的课题被评为国家科技进步奖等奖项。在课题研究过程中，培

张履谦受聘担任微波成像技术国防科技重点实验室和空间微波技术国防科技重点实验室学术委员会主任

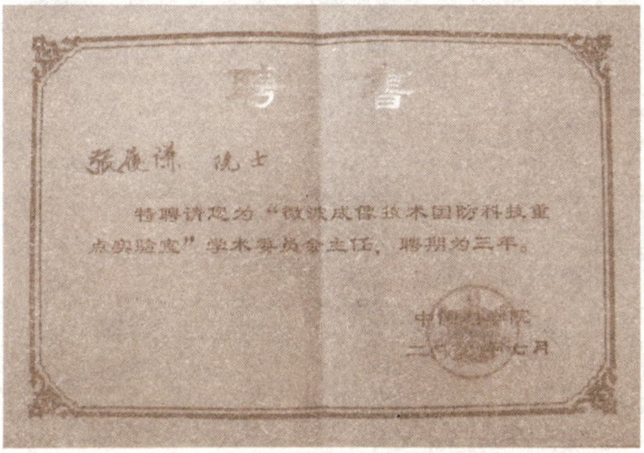

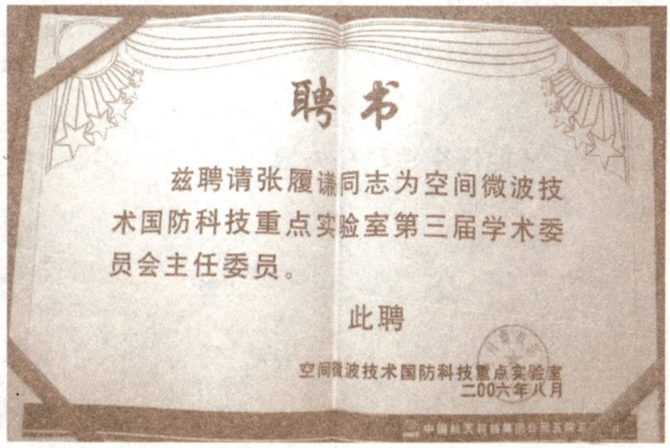

养了大量高端技术人才，发表了许多创新性论文，为我国武器装备研制和航天技术发展作出了突出贡献。

5. 科技顾问　推进空军发展

2000 年 3 月，空军聘请中国工程院和中国科学院 20 余名院士担任顾问，张履谦被聘为空军科技发展和人才建设顾问。

对于空军，张履谦有着难以割舍的深厚感情。早在 20 世纪 50 年代抗美援朝期间，他就来到中朝边境的中朝联合空军司令部，与防空部队一起，研究解决指挥雷达抗干扰问题。20 世纪 60 年代，张履谦主持研制了红旗二号导弹制导雷达站，并装备空军部队。张履谦与空军雷达部队协同，进行电子对抗，击落了多架来大陆刺探情报的 U-2 高空侦察机。“文革”期间，张履谦排除干扰，从事导弹防御制导雷达预研工作，研制了单脉冲导弹跟踪雷达，突破了相控阵雷达技术。接到空军聘书时，他为能够在现代信息化战争条件下，为空军科技发展和人才建设做些工作而感到兴奋异常，毫不犹豫地答应下来。

2000 年 3 月，空军司令员和政委参加了首届全体院士顾问组会议，他们对院士们充满了殷切期望。张履谦深感责任重大，他回忆了自己小时候遭受日

张履谦受聘担任空军科技发展和人才建设顾问

本飞机轰炸和扫射的情景，表示能为空军建设贡献力量在所不辞。他即席作了关于建设我国现代化防御体系的发言，阐述了现代信息化战争的重要特点，建议我国空军应发展预警卫星和预警飞机，结合地面防空预警雷达，迅速建立现代化的预警网。他的这些建议得到了院士顾问组许多成员的认同，也获得了空军领导的肯定。

之后，张履谦与钟山等14名院士联名向空军和总装备部建议，开展我国空天防御工程，得到了空军首长和总装备部首长的高度重视。

2002年，张履谦向空军提交建议书，建议将地空导弹组网作为防空系统一个重要的建设和发展方向。他在建议书中写道，地空导弹组网作战，能够扩大作战空域，提高抗干扰能力、对隐身飞机的探测能力，以及对反辐射导弹的防御能力。张履谦还根据空军现有装备情况，提出了空军地空导弹组网分步实施的建议，第一步建立试验性组网系统，第二步建立区域实用组网系统，第三步建立多型号、多频域、多传感器组网系统。

应空军导弹学院（现已并入空军工程大学）聘请，张履谦担任了该学院雷达重点实验室学术委员会主任，以及电磁场与微波技术博士后工作站的导师。该实验室承担着空军雷达技术的研究和发展任务。雷达对空军而言，是一项十分关键的装备，对空预警、导弹防御、武器控制等都要借助于它。张履谦多次前往该学院作学术报告，并在实验室建设、研究方向、课题选择、人才培养等方面，提出建议；从课题立项、内容构思、研究重点和创新方向等方面，对博士生予以周详的指导，其博士生所写论文入选全国年度百篇优秀博士论文，研究成果获国防科技进步一等奖。

2010 年，在空军司令员亲临指导下，空军举办预警系统建设高层论坛。张履谦就建设现代化攻防兼备的战略空军，提出了发展我国天基预警系统的建议。

张履谦看到了美国发布的《2020 年空军构想》和《空天部队：保卫 21 世纪美国》白皮书，书中提到美国要发展空天一体的战略构想，做到三个全球（全球警戒、全球到达、全球作战），拥有五个特性（速度、范围、全景、精确、机动）、六种核心（空天优势、全球打击、快速机动、精确交战、信息优势、敏捷保障）作战能力。进入 21 世纪，美国制定了“猎鹰”计划，以实现空天一体高速飞行武器的设想，扬言可在 1 小时内对地球上任何一个地方进行精确打击。

受国外空天一体发展动态启示，2011 年年初，张履谦向空军首长作了一次学术报告，提出我国空军发展不应跟在别人后面跑，等别人研制出新式武器后，我们再建立防御体系，而应迎头赶到前面，世界上的新式武器一研制出来，我们就有了对策。为此，张履谦提出在当前研究发展防空武器、导弹防御武器的同时，还应该研究对空天一体高速飞行武器的防御问题。

目前我国防空部队已装备新一代国产制导雷达站，为使现有装备充分发挥作用，张履谦与院士顾问组成员多次前往空军训练基地，深入演练一线，实地察看武器装备运行情况，现场指导操作人员，与指战员交谈，回答装备应用中的疑难技术问题。

在国内研制多种地空导弹系统方案审查会上，张履谦针对空军作战对象具有隐身、反辐射、低空、电子对抗等特点，积极提出建设和改进的措施与建议，许多建议被研制方与使用方采纳。

作为指导教师，张履谦为空军培养了多名高层次人才，其中包括指导王明清教授成为空军武器装备自动化快速测试的开拓者和学术带头人，他还为十多名博士研究生审查评阅了学位论文，使他们顺利通过了博士生答辩。

在2008年召开的空军院士顾问会议上，空军政委邓昌友表示，院士顾问提出的意见建议，为从顶层更好地谋划空军建设发展，提供了科学思路；院士顾问集体为空军“把脉会诊”、“传经送宝”，在空军转型建设和人才培养、科研创新等方面，提出了宝贵的指导意见。

在2013年第四届空军建设发展会上，空军对院士顾问给予了极高评价，认为他们以对国防和军队建设高度负责的精神，围绕空军转型建设和军事斗争准备急需，在重大决策咨询、科研合作攻关、人才培养帮带、科技文化传播等方面做了大量工作，为推进空军建设发展提供了有力支持。听到自己所做工作为我国空军发展提供了切实帮助，张履谦甚感欣慰。

6. 兢兢业业　献计国防建设

张履谦从小遭受日本帝国主义的欺凌，历尽苦难，胸中怀有科教兴国、富国强兵的强烈愿望。他时刻警醒自己，不能有了今天的幸福，就忘记了国家的安危。

在办公桌的玻璃板下，压着张履谦书写的邓小平同志的一段话："如果六十年代以来中国没有原子弹、氢弹，没有发射卫星，中国就不能叫有重要影响的大国，就没有现在这样的国际地位，这些东西反映一个民族的能力，也是一个民族、一个国家兴旺发达的标志。"

20世纪末，航天技术进步促进了新的军事变革，张履谦认识到国际上航天技术的发展给我国带来的严重威胁，不由心头焦虑，寝食难安。为此，他协同有关院士专家，研究国外武器装备发展动态，并根据我国国情，进行分析论证，向党和国家领导人提出三项关于发展航天武器装备的咨询建议报告，其中一项报告是17名院士专家共同建议的，一项报告是14名院士专家共同建议的，还有一项是8名院士共同建议的。这三项咨询建议报送给中央军委和胡锦涛主席后，得到了及时批示和高度肯定，其中一项还被立为国防专项工程。

张履谦参加了国防专项工程的专家委员会工作，领导一个专题组开展技术攻关。他经常出差到外地调研，深入实验室查看试验情况，查阅第一手测试数据，谋求早日突破关键技术，及早开展总体试验。有一次，他在办公室查阅资料、演算数据，连吃午饭的时间都忘了，等肚子饿得"咕噜"叫时，已是下午2时。张履谦索性不吃饭，继续埋头演算数据，直至数据全算对时，已是晚上9时。此时的他已是84岁高龄。

从研究所到科技委后，张履谦的专业从地面雷达领域扩展到空间技术。他深深地感到，对地遥感侦察卫星、战略战术通信卫星、导航定位卫星、气象卫星等在战争中起着极为重要的作用。随着战场趋向透明化、武器的精确打击能力提高、作战空域扩大、后勤保障能力增强、战争持续时间缩短、人员伤亡减少，发展卫星技术、夺取空间控制权将成为现代信息化战争中交战双方争夺的焦点。

在这样的思想指导下，张履谦在被聘为有关单位的技术顾问时，做了许多积极和有意义的工作：为发展我国对地观测卫星评审发展规划，为对地遥感卫星型号研制及地面站建设审定技术指标和研制要求；认真审查目标监视相控阵雷达的研制方案，参加验收评审；提出多项通信、导航、气象等应用卫星有效载荷关键技术的预研立项，并参加项目的中期评估和技术验收评审。

张履谦认为，担任国防科研工程的咨询专家，并不意味着就是这项工程的行家，国防建设对任何人来说都是新问题，要兢兢业业，认认真真，只能有成，不能遗患。他每天的工作日程都安排得满满的，尽管如此，还规定自己每星期至少抽半天时间翻阅外文杂志，去书店查看新书，在网上浏览资料，跟踪国外在国防新技术领域的发展动态。

张履谦工作很忙，87 岁高龄，仍每天早上 7 点就来到办公室，中午在食堂就餐，休息半小时接着工作，经常晚上八九点才回家休息。有时在外面参加评审会，担心接不到办公室电话，就把座机电话转接到手机上，以保证自己“全天候在岗”。

张履谦十分欣赏明代文学家杨慎的词《临江仙》，他结合自己的体会感悟，将词的最后两句改写为“古今多少事，都为后来人”，用以自勉。其意是，人生如长江之水滚滚东流，自古以来，出现了许多英雄豪杰，但英雄们的所作所为，都是为了造福子孙后代。

20世纪60年代，总参通信部王诤部长曾说过，“我对张履谦做的事是信得过的，我交给张履谦办的事是放心的”。虽然时间已过去几十年，但张履谦始终把王诤部长的这份信任当成是对自己的要求和勉励，至今仍然保持着对工作负责的态度和对祖国、对人民忠诚的信念。

7. 着眼长远　重视人才培养

科教兴国，人才是根本。张履谦在自己刻苦学习的同时，也在培养人才、传授知识方面竭诚努力。

早在国防部五院研制地空导弹雷达站时，张履谦就遵照聂荣臻元帅提出的“出成果、出人才”指示，十分重视在工作中培养科技人才，他为青年人讲述雷达课程，带领他们研制雷达设备。他还亲自带“徒弟”——张云龙、张通、王大志、黄文鑫等留学生和大学生，还有一个叫史仁杰的“小徒弟”，共同研制地空导弹雷达发射机、接收机与微波设备，出了成果，也出了人才。

半个多世纪以来，张履谦参与研制了多个型号的地空导弹雷达，突破了许多重大关键技术，培养出大批优秀的技术骨干和优秀人才。在张履谦的领导下，与他一起工作的团队中有3人被评选为院士，

30余人被聘为型号或研究所的总设计师、总工程师，成为专业研究或型号研制的领军人才。鉴于张履谦在培养人才方面所作出的成绩，2004年，他获得了由中国航天科技集团公司颁发的“航天人才培养突出贡献奖”。

张履谦先后被聘为哈尔滨工业大学、北京航空航天大学、国防科技大学、华中科技大学、空军导弹学院等高等院校的兼职教授和博士生导师。在受聘期间，他挤出时间，积极备课，编写讲稿，为博士研究生讲课，帮助他们确定课题研究方向，修改论文，为他们评审学位。

在哈尔滨工业大学，张履谦为学校师生作了空间环境对飞行器影响的专题报告，为研究空间通信、卫星组网和雷达信息处理的博士研究生进行论文评审；在北京航空航天大学，他指导博士研究生研究雷达技术新概念和新体制、合成孔径雷达的宽幅海洋成像技术等课题；在国防科技大学，他指导的研究课题是卫星定位码快捕技术，并作了题为《我国航天技术展望》的学术报告，这是总参谋部为全军院校举办的“百名院士讲坛活动”之一；在华中科技大学，他指导了图像匹配专业博士生培养和论文评审工作；在空军导弹学院，他帮助培养武器制导雷达领域的研究生，多次到学校为他们讲课，指引研究方向，并指导实验工作和论文修改，经他指导的一篇博士论文，入选2008年全国百篇优秀博士论文。

带博士研究生时，张履谦有时为了确定课题研究方向，白天去图书馆翻阅最新的国外期刊，夜间在网上查找资料。他认为做学位论文，不应都是写综合性的评述，而应该在掌握本领域全面知识和最新动态的基础上，针对一些别人未曾解决的问题，提出自己的新概念和新见解。博士论文的质量要求很高，张履谦教导他们虚心学习前人的成就，踏踏实实地做工作，拿出严谨的证据，提出自己的创新点，敢于推翻前人的论点，站在别人的肩膀上攀登高峰。

张履谦带博士研究生，对他们严格，但不严厉。他严格要求论文公式推导、

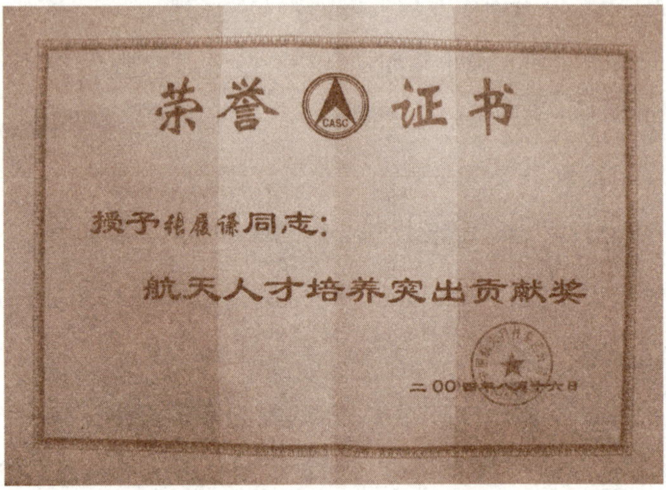

2004年，张履谦荣获中国航天科技集团公司颁发的“航天人才培养突出贡献奖”

2011年夏天，张履谦和国防科技大学博士研究生合影

2012年6月，张履谦和北京航空航天大学博士研究生合影

计算仿真、文献引用、文字表达、标点符号等内容准确，有时为了推导一个公式，他会亲自做一遍演算，查找是否有错误，但他从不“训”人，总是和蔼可亲地为学生们指出问题，修改错误。

张履谦带过的博士研究生有40余人，他指导研究的课题大都是结合自己当前的工作，还有些是结合当前的技术攻关任务。因工作很忙，他需要经常出差，有时就带着学生们的毕业论文在飞机上看，在休息的时间看。节假日休息，他也尽量抽时间进行论文评阅。张履谦说，指导研究和评阅论文不但可以使自己得到新的知识，还可以拣回忘记了的“旧家底”（过去在学校里学过的数学与物理基础知识），有输出，也有不少输入，虽然辛苦，但看到青年人在成长，心里十分宽慰。

张履谦指导学生研究的课题，都在他多年从事的工作领域之内，也是他一直关心的国际前沿课题，而对于他研究领域之外的论文，总会以“不是自己的专业”为由，婉言谢绝指导及评审。对于社会上有一少部分人拿着“通过院士审查”的名义，进行学术欺骗，获取待遇名誉的行径，张履谦十分反感，呼吁科研人员应坚守学术道德，树立良好的科研作风。

年届八旬，人生本该归于平淡，或安享晚年，或陶醉于游乐，工作变得慢慢疏远和陌生。但对张

2011年，张履谦和浙江省平湖市黄姑中学的同学们在一起

履谦来说，夕阳无限好，却要与黄昏岁月争抢时光。多年来，他始终没有停下手中的工作，虽然已不在一线领导具体型号的研制或技术攻关，但在担任顾问进行咨询和建议之余，他仍尽量抽出精力，放在培养人才、关心青少年成长、普及科学技术知识工作上来。

青少年是祖国的未来，肩负着中华民族伟大复兴的重任。浙江省平湖市黄姑中学为了引导青少年健康成长，倡导“学科星（学科学明星）”活动，张履谦对此十分支持。他多次到平湖市有关中、小学校，为同学们作报告，讲科学家的故事，传播科学知识，引导青少年树立远大理想、学好功课、锻炼好身体、积极参加社会活动，将来为建设祖国多做贡献。他还应邀到平湖九龙山航天少年学院作教学辅导报告，回答他们提出的各种有关航天活动的问题，鼓励同学们学习航天知识。

给张履谦印象很深的是浙江的一次少年科普创新活动。2008 年，张履谦来到浙江省瑞安市安阳实验中学，这是一个颇具航天特色的学校，拥有上千项发明。学校自编《航天》教材，给学生们上航天科技知识方面的课程；学生们自行制造火箭，并在活动中表演了火箭带着气球飞上天空；学校还建有太空育种基地，种植航天育种蔬菜，太空育种青椒和黄瓜长得又粗又大。看到这些活动，张履谦鼓励同学们，创新活动没有年龄之分，没有专业之隔，只要勤奋努力，坚持不懈，肯于思考，就一定会取得创新成就。

2011年，张履谦戴着少先队员献上的鲜花和红领巾格外高兴

张履谦在安阳实验中学，与中学生们进行了面对面的交流，讲述自己的亲身经历，以及航天技术对造福于人类所起的重要作用，鼓励他们努力学习航天知识，从事业余航天活动。在活动过程中，张履谦和同学们建立了深厚的感情，少先队员为他系上了鲜艳的红领巾。

2010年，张履谦的母校——湖南师大附中成立105周年。应校方邀请，张履谦回到母校，为同学们作了“亲切的回忆，美好的前景”报告，回忆了自己昔日在苦难中的求学生活，描述了未来祖国昌盛的锦绣前程，他激励同学们树立远大理想，为实现中华民族的伟大复兴而奋斗。

张履谦的报告深受学校师生们的欢迎，一个小时的报告，赢得了掌声20余次。报告结束后，举行了“面对面”的互动对话，一名同学发言说：“听了您的这堂课，我很受感动，也确定了我的终身志向，我决定长大后全心全力投身祖国的建设事业。”听到这名同学朴实诚挚的话语，张履谦仿佛听到了自己年轻时的心声。他心情激动，热情地与这名同学拥抱合影，许多同学也都跑上讲台，争相与他合影留念。

作为一名科技工作者，张履谦认为应把传播科技文化、普及科技知识、弘扬科学精神作为己任。20世纪60年代，张履谦从事雷达技术研究。期间，他写了《雷达是怎样工作的》等多篇科普文章，以浅显易懂的语言，介绍了雷达的工作原理和应用，发表在《无线电》杂志上，激发了广大青年学生了解雷达

张履谦的报告受到母校师生的热烈欢迎。报告结束后，他与同学们合影留念

知识、学习和研究科学技术的兴趣。

张履谦在刻苦攻读《雷达丛书》、深入研究雷达基础理论后，结合雷达的发展，编写并出版了《雷达》科普图书，系统介绍了雷达原理、应用和雷达技术的未来发展。

“文革”期间，张履谦还在病床上撰写了多篇文章，向国内知识界人士和解放军指战员介绍雷达技术，先后刊载于《光明日报》和《解放军报》上。

2007 年 7 月，北京市科协举办“首都科学讲坛”。张履谦在论坛上作了题为“现代空间电子对抗”的学术报告，受到了热烈欢迎。现代空间电子对抗是当前军事斗争的前沿技术，具有重要的技术研究价值和科学普及意义。为了取得良好效果，他亲自做 PPT，搜集了许多新颖的图片，用朴实的语言，深入浅出地作了系统和详细的论述。张履谦在报告中回忆了电子对抗的历史，讲述了现代空间技术进步的现状和带来的新军事变革。由于与会人员众多，现场又临时增加了座位，会上讨论十分热烈。会后，张履谦就与会人员提出的问题，进行了现场答疑，不少听众还热切地邀请他去开设讲座。

1964年，张履谦撰写的《雷达》科普图书

2007年7月，张履谦在北京“首都科学讲坛”上作学术报告

2008年四川汶川大地震后，张履谦受邀前往成都进行学术演讲。在演讲会上，张履谦作了题为“卫星在突发事件中的应用”的报告。他展示了从我国资源卫星上观测到的地震前后的对比图像和产生堰塞湖的图像，以及采用北斗一号导航卫星进行灾区救援通信的应用效果。这次学术报告，对在我国西南地区推广普及卫星应用，起到了很大的促进作用。

张履谦

张履谦院士传记

Academician Zhang Luqian's Biography

第十章

比翼双飞　人间晚晴

志同道合，人间晚晴。在50多年的岁月里，张履谦与夫人力伯畏互相信任，互相支持，家庭生活朴实简单，平静而充实。

1. 执子之手 与子相偕到老

1957 年，张履谦调入国防部五院二分院从事我国航天事业的创建工作，十分忙碌。1958 年年底，张履谦在大学同学、地下党员罗升和的介绍下，认识了后来成为他妻子的力伯畏。

力伯畏 1949 年毕业于北京大学医学院，在校期间，积极投身进步学生运动，成为中共北平地下党组织的外围成员，继而入党。北平解放后，力伯畏参了军，被分派到军委卫生部，由傅连璋选派进入中南海，从事“红墙”内党和国家领导人的医疗保健工作，曾任中央保健委员会保健医生组组长、卫生部保健局办公室副主任、中南海保健组副组长兼党支部书记等职务，曾被授予“全国三八红旗手”称号。“文革”动乱中，力伯畏在“莫须有”的罪名下，被“监督劳动”和下放干校。粉碎“四人帮”后，力伯畏得以平反，并获得中央保健委员会颁发的荣誉证书，被选为党的十二大代表。

张履谦和力伯畏两人当时工作都很忙，一个是“要争口气，搞出自己的尖端武器”，一个是要做好首长的医疗保健工作，两人专心党的事业，忘我工作，直到 1959 年国庆 10 周年之际才完成了他们的婚礼。婚礼只举行了一个简单仪

1959年，张履谦与力伯畏的结婚照

式，双方亲人、同学、同事到场祝贺，结婚仪式的时间很短，不到中午就结束了，也没有办宴席。

结婚以后，张履谦忙于下厂仿制“543”雷达，力伯畏则要经常陪同首长出差，两人经常你来我走，难以见面，而且不能通信，也不能告知出差地点。他们的两个女儿出生时，力伯畏临产手术需要亲属签字，而张履谦却都因工作很忙不在场，只得请人代签。孩子们出生后也只能由保姆照料，与父母接触少，叫爸爸为“叔叔”，叫妈妈为“上班妈妈”，叫保姆为“阿姨妈妈”。“文革”时，力伯畏受冤长期下放，两人长年不在一起，但他们仍坚定信念，相互理解。

1975年，张履谦因长期劳累过度，突发心脏病住进医院，后虽有所好转，但也只能在家长期静养，恢复健康。力伯畏在医疗和生活上，给予了张履谦无微不至的关怀和照顾，使他能较快地康复，重新投身于国防尖端事业中。

1976年，唐山发生大地震，北京也受到了影响，北京城里的许多建筑被震破损毁，为了防备余震，百姓大都在街头露宿。力伯畏跟着张履谦，一家人在公园的树底下支起帐篷，默默地带着两个女儿，共渡难关。

古稀之年，力伯畏患上了腿疾，动了手术，接着又得了肺栓塞、糖尿病和心脏病多种等疾病，多次住进北京医院。在力伯畏住院治疗期间，张履谦由于白天工作很忙，抽不出时间陪床，只能下班后去医院探望。力伯畏对此十分理解，用她的话说，为了党的事业，“不用为我的病担心”，对此，张履谦内心深处既受感动，又感内疚。

在婚后50多年的岁月里，张履谦与力伯畏互相信任，互相支持，家庭生活朴实简单，两人都不讲求装修、摆设，更不讲求吃穿。而今他们均已八十有七，张履谦依旧坚持上班，工作很忙，东奔西跑，经常出差。节假日遇有闲暇，两人便携手去附近的公园欣赏花木，或去外地游览祖国的锦绣山河，拍一些照片。

2005年，张履谦全家合影

2. 热爱生活　紧跟时代步伐

凡接触过张履谦的人，都说他是一个热情开朗、脾气随和的人。他和大家一起工作、学习和生活，从来都把自己摆在一个普通人的位置，对人和蔼可亲。

高高的鼻梁、身材高瘦、头发花白、衣着俭朴，总是戴一副深度眼镜的张履谦，给办公楼门口站岗的警卫留下了深刻印象。警卫说，不管是晴天、雨天，还是雪天，经常看到张总早上 7 点就来上班。张履谦对警卫十分尊重，关心警卫的生活，到他们的宿舍谈心，和他们聊家常，十分亲切。

传达室的工作人员也对张履谦有着很好的印象。工作人员说，每当有人来找张履谦、他们向张总打电话核实情况时，张总都十分客气，没有一点架子，总是用温和的声音回答工作人员的问题。工作人员有时为他送去信件，他总是满脸笑容，真心地向工作人员表示感谢。

食堂的服务人员对张履谦也是打心底里敬重。作为科研战线上的老总师，张履谦被安排进入单位专门开辟的就餐区就餐。张履谦认为食堂工作人员也是航天事业不可缺少的一部分，只是分工不同、岗位有别，十分尊重食堂工作人员的劳动。每次来食堂吃饭，他总是自己端着盘子选取食物，吃多少拿多少，从不浪费。遇食堂工作人员较忙时，他就自行把餐具放到用过的餐具桌上，并擦干净自己的桌位，保持着一贯的平易近人和艰苦朴素的作风。

80 岁时，张履谦仍像一个年轻人那样有着充沛的精力，保持着热情开朗的心态，投身于祖国的国防科研工作中。他经常穿梭于研究所和卫星发射场之间，频繁到基层出差，参加型号方案评审、技术攻关、故障归零、出厂鉴定和火箭发射的放行评审等工作。每次往返机场，当遇到车辆派不出时，他都是自己坐民航班车。由于航班误点，多次半夜二三点才回到家，而第二天早上 7 点，他又准时出现在办公室。

张履谦的晚年生活丰富多彩。业余休闲时，他对各种活动都感兴趣，爱摄影，着迷计算机，好书法，这些都是他晚年生活中的乐趣。

偶有闲暇的节假日，张履谦总会尽量抽时间和家人一起到北京市的城市公园或郊区游览、摄影。他自购彩色打印机，将照片打印出来欣赏。他还将过去的旧照片扫描，编制成电子相册。在出差和旅行过程中拍摄的照片，他会自行下载软件，给照片配上音乐和解说，编辑成视频，并刻成光碟保存。有时看到网上有新款制图软件，他便会在电脑前待上数小时，潜心摸索这款软件的功能与应用，不断研究编辑制作技能。

2008年4月，中国航天科技集团公司科技委组织老专家去西昌卫星发射中心参观和调研，张履谦当起了“随团记者”，用自己的DV机，拍摄和记录了活动全过程。回来后，他把视频资料编辑制作成光碟，取名为“祖国西南之旅”，赠送给大家。

张履谦没有听过一堂计算机课程，也没有请人专门教过如何使用计算机，但他通过自己摸索、练习、应用，很快就能熟练掌握并应用计算机，熟练程度甚至让年轻人咋舌。

张履谦说，信息社会不会使用计算机就会落后，就会跟不上时代。他把操作、应用计算机，作为自己知识更新、与时俱进的有力工具；他把从网上获取的知识，作为自己进步的源泉之一，遇到技术上的新思想、新概念，总要到网上搜索查找相关期刊文献。有时候，张履谦在课题评审或研究论证时遇到难题，便会早早来到办公室，坐在计算机旁，上网查阅各种文献资料。张履谦每天早上到办公室做的第一件事，就是打开计算机查收电子邮件，答复和处理有关信函。他还将自己拍摄的祖国大好河山的照片、创作的以激励人们意志为主要内容的书法作品，以及写作的表现航天精神和好人好事的文章等，发表在微博上，让更多的人分享中国特色社会主义的新文化、新风尚，鼓舞更多的人，为中华

2008年，张履谦在计算机上编写学术报告讲稿

民族的伟大复兴而努力。

张履谦在国防科技大学为我军院校作“百名院士讲坛活动”，其PPT讲稿中有50余幅插图，都是他自己从网上下载，或从杂志中扫描的。自己查找扫描所有图片，自己搜集所有数据资料，自行编辑制作所有文档，连作报告也是自己亲自操作计算机。张履谦认为这些都是一个科研人员份内的事，从不假手于人。

每逢春节或元旦，张履谦都会用计算机在网上下载新款图像处理软件，将朋友和同志们的照片配上背景，写上亲笔祝愿，最后制作出精美贺卡送给大家。

张履谦爱打篮球、喜欢游泳，少年时期横渡过湘江，参加过全省篮球比赛。2009年，83岁的他来到三亚，穿着泳衣欣然下海，兴趣盎然。

练习书法，是张履谦老年生活的又一大乐趣。心境平和之际，正是畅抒胸臆之时。张履谦经常铺开纸张，挥毫泼墨，书写自己心中的所感所悟。

2009年，张履谦在三亚亚龙湾海域游泳

书法是一门艺术，许多科学家认为艺术与科学相结合，将创新人类社会文明。张履谦通过练习书法书法思想情怀，拓展精神境界。

中学时代放寒暑假，张履谦曾用毛笔练过字，临摹颜真卿的《多宝塔碑》；大学时代参加学生运动时，他用毛笔写过大字报；多年后重新拾起毛笔，他有一种深深的回归感。

历经80多年的坎坷、奋斗，并最终走进国富兵强的美好年代，张履谦心中有太多的体会和感悟。而书法，成为他直抒胸臆的最好方式。

2009年新中国成立60周年之际，《中国航天报》刊登了张履谦“风景这边独好”的书法作品，抒发了他热爱祖国的激荡胸怀。2008年以后，全世界笼罩在金融风暴之中，欧美各地生产下降、经济不景气、失业现象十分严重，唯中国经济仍然保持快速增长。这样的情景，深深触动着张履谦的心灵。他借助毛泽东的诗词，写下了赞美的文字，歌颂我们伟大祖国在中国共产党的英明领导下，战胜了金融危机，迎来了美好前景。

张履谦参加了中国工程院成立的院士书画社，并以邓小平对航天事业的指示词为内容，写了一幅书法，获得了优秀作品奖。张履谦说，通过这些文字可以反映出党中央对航天事业给予的高度评价，使我们感到从事航天事业具有重要意义；中央领导同志的指示，说得深、说得透，是我们工作的动力源泉。

在中国工程院院士书画社 2009 年的“歌颂祖国”、2010 年的“橘子洲头”和 2011 年的“碑林笔会”等活动上，张履谦书写的多幅书法作品参加了展览，并获得了优秀作品奖。张履谦的书法，还为《中国

2009 年，张履谦为国庆 60 周年书写的“风景这边独好”书法作品刊载于《中国航天报》

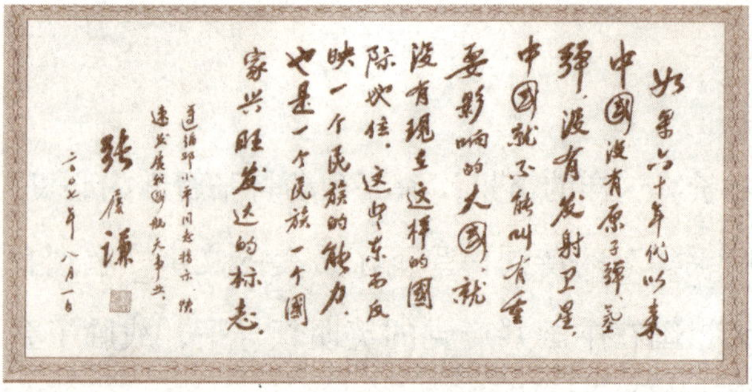

2007年，张履谦以邓小平同志指示词所作书法作品获中国工程院书画社优秀作品奖

2009年，张履谦的书法作品在中国工程院书画社“歌颂祖国”笔会上展出

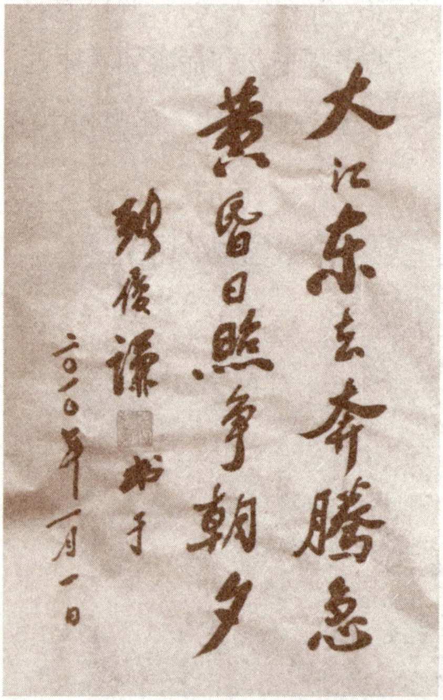

2010年元旦，张履谦书写“大江东去奔腾急，黄昏日照争朝夕”书法作品自勉

科学家书画手迹集成》(2006年四川科技馆编)、《中国当代文化名家书画》(2005年中国文联出版社出版发行)收集出版。

2010年元旦，张履谦写下“大江东去奔腾急，黄昏日照争朝夕”书法作品，他解释说，时光像长江、黄河入海一样急速奔腾，自己到了黄昏之年，要趁太阳还照在天空，争取时间，积极努力，为中华民族的伟大复兴多做些工作。

“学而思，思而行，行必果”——这是张履谦书写的一幅书法作品，其实也是他对自己一生的一个归纳总结。他说，一个人不但要学习，要勤奋学习，更重要的是学习后要进行思考，学而不思则罔，不思考等于没有学；有了思考，思考成熟了，就要付诸行动，没有实践，则思考也成了纸上谈兵；有了行动和实践，不管遇到多大困难阻挠，一定要坚持干到底，绝不能半途而废，亦即“行必果”。张履谦用自己一生的经历，诠释了“学而思，思而行，行必果”的含义。无论是搞反干扰、电子对抗，还是研制地空导弹雷达、通信卫星测控设备、搞载人航天……，在各项重大工程研制过程中，他都刻苦学习、深入钻研、认真思考、周到细致、勇于实践、克服困难，坚持到最后获得成功。

张履谦总结自己的人生历程，对“人间正道是苍桑”深有体会。他上小学就遇到抗日战争，上中

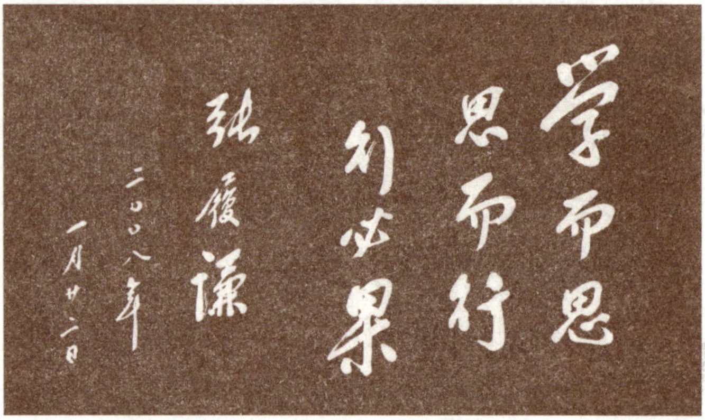

2008年1月22日，张履谦书写“学而思，思而行，行必果”书法作品，诠释自己对学习和工作的态度

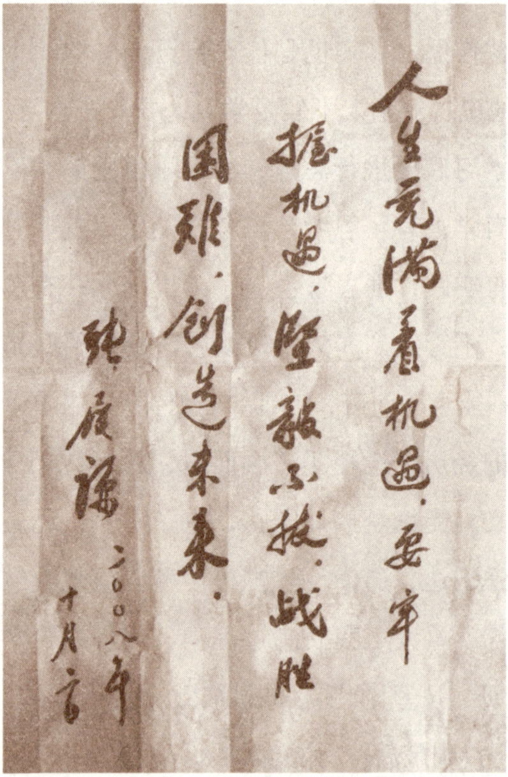

2008年10月2日，张履谦书写“人生充满着机遇”书法作品，总结自己的人生历程

学得到老师资助考上了清华大学，在清华大学正逢民主学生运动而加入了地下党，入党后又受组织派遣接管石景山钢铁厂，按照彭真指示又回清华大学学习，毕业后参军，参加抗美援朝搞抗干扰，到国防部五院从事航天工作，搞地空导弹、卫星测控、卫星研制、载人航天、探月工程……，这些重大变化都是他人生历程中的机遇，也是对他的挑战。在这些机遇中，张履谦总是牢牢地掌握它，战胜它，并以坚韧不拔的精神，创造自己的人生。

张履谦

张履谦院士传记

Academician Zhang Luqian's Biography

第十一章

平凡人生　非凡成就

半个多世纪以来，张履谦见证了航天事业艰难的发展历程和光明的发展前景，树立起一个活到老、学到老、工作到老的平凡而又伟大的真实榜样。

1. 平凡出身　不平凡的追求

张履谦出生在湖南长沙的一个普通农村家庭，从小放过牛、种过地，过着旧中国半殖民地半封建社会的贫困生活。父亲行医，悬壶济世，治病救命；母亲忙于家务，终日劳作。张履谦自幼勤俭好学，从启蒙小学起，他的成绩就很好，以优异的学习成绩进入高小，又以优异的成绩进入初中、高中，最终又以优异的成绩同时被三所高校录取，最终进入了清华大学学习。

幼年的张履谦就受到父亲严格的要求，勤奋，一直是父亲对他的教导。在小学读书的时候，父亲曾送他两句座右铭，一句是“学而不思则罔”，说的是学习方法，告诉他学习必须经过认真仔细的思考才能有所收获，不加思考的学习会使人迷茫；另一句是“业精于勤荒于嬉”，教导他从事任何工作，如果想做到很精深、很精湛，必须勤奋，勤动手、勤动腿、勤动脑，只有业精于勤，事业才能有成就。

父亲经常用讲故事的方式对张履谦说，司马迁虽遭受酷刑，但其所作的《史记》流传千古，这与他勤奋努力、刻苦学习分不开。父亲又给张履谦讲解孟子的名言“天将降大任于斯人也，必先苦其心志，劳其筋骨，饿其体肤……”，这些故事指引着他的人生，使他从幼年起便胸怀大志，并将之幻化成自己成长的动力和源泉。

也正是凭借勤奋和胸怀大志，张履谦从一个普通的农村赤脚娃子，成长为具有深厚造诣的雷达与航天电子技术专家。

张履谦的为人，也受到家庭的深刻影响。父亲为他取名“履谦”，是以《史记·留侯世家》典故，要求子女“履行谦逊”，务须谦虚向人求取教益之意。父亲总是心忧病人，手提药包，拿把洋伞，不管晴天雨天，颠颠簸簸日行数十里路，为人治病。母亲除料理繁忙的家务外，还经常为来家候诊的病人，热情地端茶送水，为病儿扫屎擦洗尿。这一切，张履谦看在眼里，记在心上，铸造了他一生为人谦逊、和气待人的优良品格。

1937 年，日军发动“卢沟桥事变”，抗日战争全面爆发。全国上下掀起抗日救亡的热潮，张履谦走向社会，为支援抗战进行宣传和募捐，唱起了“同学们，大家起来，担负起天下的兴亡……”11 岁的幼小心灵，萌发出“匹夫有责”的爱国思想。

经过四次湘北会战，张履谦家中的财物被日寇抢光，年仅 14 岁的亲弟弟被日本兵抓走，至今下落不明。中学时期，张履谦离别家人，和同班同学逃难到湘西、湘南一带。途中炮声隆隆，难民争先恐后，头上有飞机轰炸，后面有敌人追赶，张履谦他们日行近百里，肚子饿了吃野草，晚上住祠堂庙宇，用稻草作被子防寒。张履谦亲眼见到两个同学被敌机扫射身亡，自己在途中也得了流行病，打摆子，拉肚子，几次休克。在逃难期间，张履谦住在同学家，教补习班，当小学教员，课余时间还要自己种菜。遇有空闲和假日，不忘读书，挤出时间，在防空洞里复习英语和数学。1945 年，日寇投降，张履谦在学校老师的资助下，返校读完了高中课程。

在艰苦的八年抗战中，张履谦在炮火中逃生，受到了战争磨炼，锻炼出了坚强意志，“读书救国、富国强兵”，成为他一生的追求。

1946 年，张履谦来到清华大学，怀着“工业救国”的想法，如饥似渴地学习专业知识。随着爱国学生民主运动的开展，张履谦走向社会，走入农村。他在学校的职工夜校当老师，参加了地下党外围组织举办的农村识字班和农村医疗队，还参加了北平各院校举行的反对国民党独裁统治的罢课游行。现实使张履谦认识到，不推翻国民党的反动统治，中华民族就将永远陷于贫困挨打的水深火热之中。他以入党誓词为信念，毅然加入了党的地下组织。随后，组织派张履谦参加石景山钢铁厂的接管工作，在那里，他深入工人群众，在走向社会的过程中得到了锻炼。

张履谦大学毕业后参加了中国人民解放军，在解放军这个大熔炉中，他树立起从事国防科研工作的事业心和责任感。

张履谦工作以后，一直保持着踏实工作的作风和刻苦学习的习惯。大学刚毕业，他就担负起抗美援朝的雷达抗干扰工作，在前线器材缺乏和战事急需的情况下，向雷达技术员学习，因陋就简，有效地解决了雷达抗干扰问题。调到国防部五院后，在苏联撤走专家、连续三年自然灾害的条件下，他搞反设计并下厂仿制，解决超差代料问题，搞飞行试验，打靶定型，改进提高。之后他又研制“红旗二号”雷达制导站，装备了部队，击落了美国 U-2 高空侦察机。张履谦在身患心脏病的情况下，仍临危授命，带着氧气包担任总设计师，带领团队坚持遵循科研规律，不抢进度，保证质量，对难度和复杂性很高的“450”工程进行地面站飞行试验，通过原理性验证，在闽西苦战四个战役，从而确保了微波统一测控（雷达）系统研制成功，将我国第一颗地球同步轨道通信卫星控制入轨，成功定点。他参加和策划了我国多种卫星的研制，攻克关键，保驾发射。他深入调研，明确要求，找出关键，制定规划和措施，为提高我国卫星研制水平，做了扎实的工作。他参加我国载人航天和探月工程的研制，参与工程总体和测控系统的方案设计和技术攻关，以及独立风险评估工作。

张履谦在我国国防科研战线上半个多世纪的工作中，贯穿着一条主线，这就是学习。张履谦从事雷达领域工作，在大学里所学的东西只不过是一些基础知识，在工作中他以坚强毅力，用了 12 年时间，刻苦攻读了《雷达丛书》，并及时阅读最新期刊，掌握了雷达技术，并在实践中丰富了技能。张履谦从事航天事业，他深入到科研实践中，边干边学，边学边干，虚心地向别人学习。在出国交流访问期间，他向先进国家学习，撰写了多篇考察报告，结合国情，解决实际问题。

刻苦学习，深入实践，总结提高，张履谦在科研工作中，始终保持着严谨的工作作风，按科学规律办事。顽强学习掌握了理论知识，理论联系实际，理

张履谦在各个时期的照片

1945年

1951年

1955年

1956年

1962年

1964年

1970年

1990年

2006年

2012年

论指导实践，实践又丰富了理论。张履谦就是这样不断提高自己的理论与实际工作水平，解决一个又一个技术难点，攀登一个又一个科学高峰。

活到老、学到老，学到老、用到老，是张履谦半个多世纪努力人生历程的真实写照。他从一个普通工科大学生，成为取得多项科研成果的雷达、电子对抗、卫星测控及航天领域的专家、院士，刻苦学习、踏实工作和不懈追求是成功的重要原因。

张履谦的人生，为我们描绘出一个勤奋好学、胸怀大志的少年，战火磨炼、热血沸腾的青年，意志坚定、踏实苦干的中年，关心事业、锐气不减的老年。张履谦的生活轨迹及成长过程，可以描述为：

农村出生，勤奋好学，幼年胸怀远大志向；

战火磨炼，流浪为生，树立富国强兵思想；

关心国事，走向社会，地下入党从事革命；

入伍参军，意志坚定，敢于承担国防重担；

刻苦学习，踏实工作，不断攻克技术难关；

身先士卒，谦逊为人，团结完成艰巨任务；

热爱事业，跟踪前沿，推动国防科技发展；

胸襟开阔，关心未来，夕暮之年锐气不减。

2. 平凡工作　不平凡的事业

张履谦在国防科研领域工作60余年，做了大量工作。他说自己所做的每一项工作都很平凡，只不过在当时的历史条件下，紧跟时代步伐，把学到的知识用到建设祖国的社会实践活动中。他撰写过许多学术论文，他说那些文章只是总结当时的认识，介绍给同行，使别人少走些弯路，现在也都陈旧了，不愿意再出论文集。这样的几句话，既体现了他为人谦逊，更揭示出他与时俱进、不断创新的思想。

几十年来，张履谦在国防科研工作中，取得了多项科研成果和创新成就。

在雷达技术方面，他主持研制了我国第一代防空导弹制导雷达，抗干扰和防御空域性能优于仿制的“543”，装备了部队，服役达半个世纪。该雷达采用照射发射和机电扫描接收方式，用滑窗式跟踪目标，代替常规圆锥扫描跟踪方式，这是雷达用于武器制导的一种创新；他领导研制出一种C频段导弹精密跟踪雷达和一种超远程卫星跟踪引导雷达，首次采用单脉冲新体制，达到了当时的先进水平；

他组织进行的导弹防御系统雷达总体设计，突破了相控阵雷达天线设计、收发组件、移相器和波束控制等关键技术，为导弹防御工程空间目标跟踪相控阵雷达研制，打下了良好基础；他参与新体制合成孔径雷达方案设计，成功地将其应用于我国第一代微波遥感卫星；他主持研制了微波统一测控设备，将多个副载波、多种体制调制及伪码与侧音测距、多普勒测速、单脉冲测角的一体化雷达工作体制，成功应用于我国第一颗地球同步轨道通信卫星工程中，实现了对36000千米轨道卫星的实时控制和准确定点，使我国在赤道上空占有一席之地。

在电子对抗技术方面，张履谦的工作始于抗美援朝的雷达抗干扰，继而开拓了地面对台湾、澎湖、金门、马祖岛等地的雷达侦察；他在军委通信部担任全军第一个雷达干扰与抗干扰组组长，为全军雷达部队研制了抗干扰训练器材，制定了抗干扰工作条令；他在总参通信部电信技术研究所建立电子对抗研究室，开展了雷达、通信的干扰和抗干扰技术研究；他参加编制了1956年我国科技长期发展规划，在纲要中写入了电子对抗发展规划。他为我国电子对抗事业，做了开创性的工作。张履谦认为，电子对抗是长期的、严峻的，不仅发生在战争时期，也存在于和平时期，“法轮功”事件就是有力证明。当前，他在我军装备建设和方案设计评审等工作中，始终贯彻着这样的敌情观念；他还在思考着信息化、网络化、陆海空天和水下作战条件下的电子对抗技术。

在空间电子技术方面，张履谦在我国气象探测、通信广播、数据中继、对地观测、导航定位等多种卫星的研制工作中，参加了方案制定、技术攻关、故障归零、靶场发射、在轨测试等工作，为研制质量把关和发射保驾护航。他十分重视卫星电子设备在空间环境中的工作适应性，提出和参加解决抗单粒子破坏、防空间放电等技术难题；他首先提出卫星研制是一项“投资在天，效益在地”的产业，极力倡导通信卫星、导航卫星等推广应用；他从故障归零工作中，总结出“地面工作做透，上天才不会出问题”的经验教训，十分重视空间环境的地面模拟试验；他积极倡议星上行波管、集成电路等核心元器件的国产化，为其进行调研，出谋献策；20 世纪 90 年代，他领导撰写了“关于如何提高我国应用卫星研究水平”的报告，提出卫星平台通用化和有效载荷择优的建议；他根据陈芳允的想法，设计了双星定位信息链路和卫星天线，倡议我国研制北斗一号导航卫星系统，促成北斗一号卫星的成功研制；他参加北斗二代卫星导航系统的总体设计和技术攻关，是中国建设北斗卫星导航系统的主要谋划者之一；他首先倡议和推动建立我国中继卫星空间测控网，以扩大测控区域，增加中继传输卫星遥感数据。

张履谦和诸多科学家一道，向中央领导提出建立我国载人航天工程的立项建议。在我国载人航天和探月工程中，他参加了工程总体和测控系统方案设计，以及应答机和测控站的技术攻关。他提出测控系统应分两步走，第一步采取地面布站、海上出船、节点控制、国际合作的方案；第二步发射中继卫星建立天基测控网，满足交会对接和航天员出舱活动的要求。在飞船与“天宫一号”交会对接和探月工程二期实施之前，为交会对接测控系统和着陆器的安全着陆做独立评估。当前，张履谦还在参加拟制我国航天长远发展战略规划的研究工作。

张履谦从事国防科技工作半个多世纪，日夜操劳，从不止息，虽说工作是平凡的，但他从事的事业和对事业的贡献却是不平凡的。他的治学之道和科学思想的发展过程，体现着科学技术紧跟时代发展的过程，体现着自力更生、奋发图强、科学务实、不断创新的探索精神，体现着勤奋学习、刻苦钻研、谦虚待人、团结同志的良好作风。

自力更生、奋发图强。张履谦始终以自力更生、奋发图强的精神指导工作，一贯保持旺盛的工作朝气，不论是型号研制还是科学研究，不甘落后于人，外国有的我们要有，外国没有的我们也要有，我们要有所为、有所不为，要迎头赶上，超过外国人。

张履谦在工作中不怕困难，他把困难视为机遇，勇于挑战，勇挑重担，勇克难关。他动力充足，精力充沛，忘我工作，身先士卒，严格要求，以身作则。

科学务实、不断创新。张履谦始终以不断追求真理的思想进行科学实践，他工作严谨，细致周密，踏实苦干，步步有迹。在科研过程中，他亲临第一线，掌握第一手材料，遵循科学规律，循序渐进，精益求精，不断创新。

勤奋好学、刻苦钻研。张履谦一生勤奋好学，干一行学一行，不懂就问，向书本学，向社会学，在工作中学。他没学过雷达，通过刻苦攻读《雷达丛书》，掌握了雷达的基本技术。他从雷达领域转向空间技术领域时，抓住参加型号研制和出国机会，跟一个型号研究一个课题，出一次国写一篇考察报告，日积月累而成为专家。他学习善于思考，遇到问题追根溯源，不琢磨得水落石出绝不放手。聪明出自勤奋，创新来自实干，这是张履谦成才的一条重要经验。

谦虚待人、团结同志。张履谦始终保持胸怀若谷、谦虚待人的高尚品格，他总是把自己摆在与别人平等的地位，从不摆专家的架子。在“文革”中，他虚心听取青年同志的意见，有则改之，无则加勉。他热心培育人才，工作中严格要求而无厉色。在“红旗二号”和“450”工程研制过程中，他关心、爱护同志，发挥团队每个人的积极性和特长，特别认真听取不同意见，以改进工作，使大家团结一心，形成合力，共保工程研制一次成功。

半个多世纪以来，张履谦为我国国防科研事业作出了重大贡献。他和我国的雷达、电子对抗、空间测控和航天事业一起成长，见证了艰难的发展历程，也看到了光明的发展前景。他说："人生是短暂的，事业是无限的，我个人的工作很渺小，只不过是大海中的一滴水。"如今，张履谦依然每天忙碌在为之奋斗了多半个世纪的宏伟事业中，为我们树立起一个活到老、学到老、工作到老的平凡而又伟大的真实榜样。

张履谦大事年表

1926 年

3 月 1 日（农历丙寅年正月十七日），出生于湖南省长沙县黄花镇蛇嘴山（解放后行政区划几经更迭，现名为长沙县黄花镇金塘村蛇嘴组）的农民家庭。

1932 年　6 岁

8 月，就读于湖南浏阳私立张氏雍睦小学。

1936 年　10 岁

8 月，就读于春华镇长沙第三高小。

1938 年　12 岁

8 月，考入湖南平大初级中学。

1942 年　16 岁

8 月，考入湖南广益中学（现在的湖南师范大学附属中学）

1946 年　20 岁

8 月，考入清华大学电机工程系。

1948 年　22 岁

10 月，加入中国共产党地下党领导的外围组织——中国民主青年联盟（简称“民青”，解放后转为中国共产主义青年团）。

12 月，加入中国共产党地下组织。

12 月，参加石景山钢铁厂（即后来的首都钢铁公司）接管工作。

1951 年　25 岁

8 月 1 日，从清华大学电机工程系毕业，参加中国人民解放军，分配至军委通信部。

赴中朝边境为抗美援朝部队解决雷达抗干扰问题。

1952年　26岁

中国人民解放军在军委通信部成立第一个电子对抗组织——雷达干扰与抗干扰组，张履谦被任命为组长。

1954年　28岁

带领小分队赴福建东海前线，对台湾、澎湖、金门、马祖地区美蒋雷达进行电子侦察，绘制出雷达布置图及工作盲区图。

荣立三等功。

1956年　30岁

调总参通信部电信技术研究所（后改名为电子科学研究院），任十八室（电子对抗研究室）主任。

参与制定《1956—1967年科学技术发展远景规划纲要》。

1957年　31岁

调国防部第五研究院二分院，任二支队十三室（雷达研究室）副主任。

任国防部第五研究院二分院三支队四室主任。

1959年　33岁

任国防部第五研究院二分院三支队一室主任。

10月，在北京与力伯畏结婚。

1962年　36岁

任国防部第五研究院二分院三支队副主任。

1963年　37岁

获“国防科研战线上的标兵”称号，晋升技术六级和中校军衔。

1964年 38岁

12月，领导研制的红旗一号防空导弹制导雷达站完成定型工作。

1965年 39岁

任第七机械工业部二院23所副所长。

1967年 41岁

7月，完成红旗二号防空导弹制导雷达站研制定型，并批量装备部队。

9月，参与研制的红旗二号地空导弹击落U-2高空侦察飞机。

1975年 49岁

因病在家休养。

1978年 52岁

3月18日，领导研制的C频段单脉冲精密跟踪雷达获全国科学大会奖。

1979年 53岁

任第七机械工业部“450”工程办公室主任、“450”工程总设计师，为我国第一颗地球静止轨道通信试验卫星的发射和测控研制450-1微波统一测控系统和450-2超远程引导雷达系统。

10月，当选为中国宇航学会理事。

12月，当选为中国电子学会理事。

1980年 54岁

9月，被评为高级工程师职称。

任中国宇航学会飞行器测控专业委员会副主任、中国航空学会电子及自动控制专业委员会委员。

1984年 58岁

率试验队赴福建沙县执行我国第一颗试验通信卫星发射测控任务，450-1系统成功完成对卫星进行跟踪、测距、测速、调姿、控轨、卫星定点等任务。

450-2 系统完成对 450-1 系统和 155 系统的超远程距离目标引导。

荣获第一批国家有突出贡献中青年专家称号。

1985 年　59 岁

5 月，任国家科技进步奖评审委员会委员。

任航天工业部科技委常委，参与应用卫星、载人航天和探月工程等的研制技术工作。

领导研制的 450-1 微波统一测控系统与东方红二号卫星系统获国家科学技术进步特等奖，450-2 超远程引导雷达系统获国家科技进步一等奖。

荣立航天工业部一等功。

1987 年　61 岁

5 月，被评为研究员职称。

1988 年　62 岁

荣立航天工业部一等功。

任航空航天工业部科技委常委。

1991 年　65 岁

当选为美国宇航学会（AIAA）高级会员。

10 月，获国务院政府特殊津贴。

1992 年　66 岁

6 月，当选为中国电子学会会员。

1993 年　67 岁

当选为美国宇航学会（AIAA）外籍院士。

荣立航空航天工业部二等功。

任中国航天工业总公司科技委常委。

1995年　69岁

当选为中国工程院院士。

1997年　71岁

荣立中国航天工业总公司二等功。

获何梁何利基金科学技术进步奖。

1999年　73岁

4月，任国防科工委电子行业专家咨询委员会委员。

任中国航天科技集团公司科技委顾问和中国航天机电集团公司（后更名为中国航天科工集团公司）科技委顾问。

2000年　74岁

3月，被聘为空军科技发展和人才建设顾问。

7月，被聘为中国宇航学会飞行器测控专业委员会顾问，被聘为中国科学院电子所微波成像技术国防科技重点实验室学术委员会主任。

2001年　75岁

3月，被聘为国防科工委军工计量测试标准化委员会主任。

被聘为中国航天科技集团公司空间微波技术国防科技重点实验室学术委员会主任。

2002年　76岁

被聘为国家科技研究发展计划航天（7）领域专家委员会、卫星有效载荷及应用专业组等机构的顾问。

2003年　77岁

2月，任中国首次载人航天飞行任务荣誉顾问。

2004年　78岁

8月，荣获中国航天科技集团公司颁发的“航天人才培养突出贡献奖”。

2006年　80岁

被聘为中国人民解放军信息化专家咨询委员会特邀委员。

2007年　81岁

3月，被聘为探月工程实施方案编制专家组成员。

2008年　82岁

9月，被聘为载人航天与探月工程重大专项载人空间站工程论证评估委员会委员。

2009年　83岁

被聘为国防科工局科技委委员。

被国家人力资源和社会保障部、工业信息化部、总装备部授予“中国载人航天工程突出贡献者”称号。

2010年　84岁

被聘为我国第二代卫星导航系统重大专项专家委员会委员。

参加我国载人航天工程交会对接任务独立风险评估工作，被聘为测量与控制评估组首席专家。

2011年　85岁

参加嫦娥三号月球着陆器独立评估委员会，被聘为安全着陆独立评估专家组首席专家。

被聘为中国航天工程科技战略发展研究院学术委员会委员。

2012年　86岁

被聘为《20世纪中国知名科学家学术成就概览》编委会委员。

参考文献

[1] 中国科学技术协会.中国科学技术专家传略：工程技术编：航天卷2.北京：宇航出版社，2002.

[2] 张钧.当代中国的航天事业.北京：中国社会科学出版社，1986.

[3] 国防科学技术委员会.中国航天50年回顾.北京：北京航空航天大学出版社，2007.

[4] 鲁之玉，等.王诤传.北京：电子工业出版社，2008.

[5] 中国工程院科学道德建设委员会.工程科技的实践者.北京：中国科学技术出版社，2007.

[6] 湖南省科技协会.三湘院士风采录.湖南：湖南科技出版社，2002.

[7] 周立军.首都科学讲座名家讲科普（1）.北京：中国出版集团中国对外翻译出版公司，2008.

[8] 陈世高.党魂.北京：人民日报出版社，2007.

[9] 中国航天科技集团公司企业文化部.航天人生.北京：中国宇航出版社，2005.

[10] 胡群芳.我的心向着高空.北京：中国航天报，2004-08-27.

[11] 王凡，东平.红墙医生.北京：作家出版社，2006.

[12] 黄俭.中国当代文化名家书画大系.北京：中国文联出版社，2005.

[13] 四川科技馆.中国科学家书画手迹集藏.四川：四川美术出版社，2006.

后 记

作为我国著名雷达与空间电子技术专家，张履谦院士见证和参与了我国航天雷达与电子对抗技术发展全过程，其身上积淀的厚重历史和爱国情怀，就像是一幅精彩壮美的人生画卷。

出生于20世纪20年代的张履谦历经了新中国成立前的诸多磨难。新中国成立后，他以极大的热情和高昂的斗志，参与到祖国建设中，为我国国防和航天事业作出了重要贡献。支撑起张履谦人生的两根基柱，是对祖国的无比热爱和对党、对事业的无比忠诚。在图书写作、编辑、出版过程中，我们无时无刻不在感受张履谦院士身上闪耀的这种高尚情怀。

张履谦院士在学术上有很深的造诣，1995年当选为中国工程院院士。谈及张履谦院士，跟他工作或接触过的同事、朋友，对他厚实的专业知识积累和工作上攻坚克难的诸多事迹，无不透露着敬佩和景仰之情。作为科学家，张履谦院士谈及专业问题时热情高涨，而说到自己在事业上的成就和对国家的贡献时，却经常吝于词汇。在这不愿多谈自己的背后，是张履谦院士对名利的淡泊。

成书过程中，与张履谦院士有过许多次的接触。在与张履谦院士一起回顾他的人生历程时，他就像一位长辈，带着我们走进他那精彩壮美的人生画卷，亲自梳理着这幅画卷的线条和框架。逐渐地，张履谦院士对祖国的无比热爱，对党、对事业的无比忠诚，无私奉献、严谨务实、勇于创新的形象不断清晰。梳理这些脉络的过程，无疑使我们接受了一次次的启迪与洗礼，受益匪浅。

成书过程中，张履谦院士提供了诸多资料，为本书增色不少，直至书稿的多次审阅修改，不厌其烦，细心备至。与张履谦院士相处，完全感受不到他昔日参与多项重大国防和航天工程时的威严，有的只是他作为长者的耐心与爱护。逢年过节之际，几乎每位为此书出过一点微薄之力的人，都能收到来自张履谦院士的祝福短信，寥寥数语，却是情真意切，温暖至深，一点也没有架子。

本书在《挑战蓝天》图书的基础上修订而成，凝聚了众多人的心血。中国社会科学院研究生院王姝等同学、《科学时报》郑金武和中国宇航出版社石磊等同志，为《挑战蓝天》图书成稿做了大量的工作。中国航天科技集团公司科技委办公室杨利伟主任、李卫东副主任，以及中国航天科工集团公司谭邦治，二院史仁杰、苏恩慧、何立萍，中国宇航学会周武等同志，为本书提出了宝贵的修改意见和建议。此外，张履谦院士的同事和朋友虽大都年逾古稀，但对受邀采访极为重视，为本书提供了许多极为珍贵的资料，在此一并致谢。本书经对张履谦院士进行补充采访，对书稿标题及正文部分内容进行了修订和完善，保证了书稿的质量。

一位科学家的一生经历，很难通过一本书完全诠释，更难用有限的文字，涵盖科学家宽广的胸怀、谦逊的美德和高尚的人格魅力，但我们确信这本书将是一笔不可多得的精神财富，将使读者特别是青年朋友从中汲取成长的营养。

编　者

2013年11月